思想的・睿智的・獨見的

經典名著文庫

學術評議

策劃 楊榮川

五南圖書出版公司 印行

經典名著文庫

學術評議者簡介（依姓氏筆畫排序）

- 丘為君　美國俄亥俄州立大學歷史研究所博士
- 吳惠林　美國芝加哥大學經濟系訪問研究、臺灣大學經濟系博士
- 宋鎮照　美國佛羅里達大學社會學博士
- 林玉体　美國愛荷華大學哲學博士
- 邱燮友　國立臺灣師範大學國文研究所文學碩士
- 洪漢鼎　德國杜塞爾多夫大學榮譽博士
- 孫效智　德國慕尼黑哲學院哲學博士
- 秦夢群　美國麥迪遜威斯康辛大學博士
- 高明士　日本東京大學歷史學博士
- 高宣揚　巴黎第一大學哲學系博士
- 張光宇　美國加州大學柏克萊校區語言學博士
- 陳秀蓉　國立臺灣大學理學院心理學研究所臨床心理學組博士
- 陳思賢　美國約翰霍普金斯大學政治學博士
- 陳清秀　美國喬治城大學訪問研究、臺灣大學法學博士
- 陳鼓應　國立臺灣大學哲學研究所
- 曾永義　國家文學博士、中央研究院院士
- 黃光國　美國夏威夷大學社會心理學博士
- 黃光雄　國家教育學博士
- 黃昆輝　美國北科羅拉多州立大學博士
- 黃政傑　美國麥迪遜威斯康辛大學博士
- 楊維哲　美國普林斯頓大學數學博士
- 葉海煙　私立輔仁大學哲學研究所博士
- 葉國良　國立臺灣大學中文所博士
- 廖達琪　美國密西根大學政治學博士
- 劉滄龍　德國柏林洪堡大學哲學博士
- 黎建球　私立輔仁大學哲學研究所博士
- 盧美貴　國立臺灣師範大學教育學博士
- 薛化元　國立臺灣大學歷史學系博士
- 謝宗林　美國聖路易華盛頓大學經濟研究所博士候選人
- 簡成熙　國立高雄師範大學教育研究所博士
- 顏厥安　德國慕尼黑大學法學博士

經典名著文庫007

美學原理

Estetica I--Teoria

（義）貝內德托・克羅齊(Benedetto Croce）著
朱光潛 譯

經典永恆・名著常在

五十週年的獻禮・「經典名著文庫」出版緣起

五南，五十年了。半個世紀，人生旅程的一大半，我們走過來了。不敢說有多大成就，至少沒有凋零。

五南忝爲學術出版的一員，在大專教材、學術專著、知識讀本已出版逾七千種之後，面對著當今圖書界媚俗的追逐、淺碟化的內容以及碎片化的資訊圖景當中，我們思索著：邁向百年的未來歷程裡，我們能爲知識界、文化學術界作些什麼？在速食文化的生態下，有什麼值得讓人雋永品味的？

歷代經典・當今名著，經過時間的洗禮，千錘百鍊，流傳至今，光芒耀人；不僅使我們能領悟前人的智慧，同時也增深我們思考的深度與視野。十九世紀唯意志論開創者叔本華，在其「論閱讀和書籍」文中指出：「對任何時代所謂的暢銷書要持謹慎的態度。」他覺得讀書應該精挑細選，把時間用來閱讀那些「古今中外的偉大人物的著作」，閱讀那些「站在人類之巔的著作及享受不朽聲譽的人們的作品」。閱讀就要「讀原著」，是他的體悟。他甚至認爲，閱讀經典原著，勝過於親炙教誨。他說：

「一個人的著作是這個人的思想菁華。所以，儘管一個人具有偉大的思想能力，但閱讀這個人的著作總會比與這個人的交往獲得更多的內容。就最重要的方面而言，閱讀這些著作的確可以取代，甚至遠遠超過與這個人的近身交往。」

爲什麼？原因正在於這些著作正是他思想的完整呈現，是他所有的思考、研究和學習的結果；而與這個人的交往卻是片斷的、支離的、隨機的。何況，想與之交談，如今時空，只能徒呼負負，空留神往而已。

三十歲就當芝加哥大學校長、四十六歲榮任名譽校長的赫欽斯（Robert M. Hutchins, 1899-1977），是力倡人文教育的大師。「教育要教眞理」，是其名言，強調「經典就是人文教育最佳的方式」。他認爲：

「西方學術思想傳遞下來的永恆學識，即那些不因時代變遷而有所減損其價值的古代經典及現代名著，乃是眞正的文化菁華所在。」

這些經典在一定程度上代表西方文明發展的軌跡，故而他爲大學擬訂了從柏拉圖的「理想國」，以至愛因斯坦的「相對論」，構成著名的「大學百本經典名著課程」。成爲大學通識教育課程的典範。

歷代經典．當今名著，超越了時空，價值永恆。五南跟業界一樣，過去已偶有引進，但都未系統化的完整舖陳。我們決心投入巨資，有計畫的系統梳選，成立「經典名著文庫」，希望收入古今中外思想性的、充滿睿智與獨見的經典、名著，包括：

- 歷經千百年的時間洗禮，依然耀明的著作。遠溯二千三百年前，亞里斯多德的《尼克瑪克倫理學》、柏拉圖的《理想國》，還有奧古斯丁的《懺悔錄》。
- 聲震寰宇、澤流遐裔的著作。西方哲學不用說，東方哲學中，我國的孔孟、老莊哲學，古印度毗耶娑（Vyāsa）的《薄伽梵歌》、日本鈴木大拙的《禪與心理分析》，都不缺漏。
- 成就一家之言，獨領風騷之名著。諸如伽森狄（Pierre Gassendi）與笛卡兒論戰的《對笛卡兒『沉思』的詰難》、達爾文（Darwin）的《物種起源》、米塞斯（Mises）的《人的行爲》，以至當今印度獲得諾貝爾經濟學獎阿馬蒂亞・森（Amartya Sen）的《貧困與饑荒》，及法國當代的哲學家及漢學家余蓮（François Jullien）的《功效論》。

梳選的書目已超過七百種，初期計劃首爲三百種。先從思想性的經典開始，漸次及於專業性的論著。「江山代有才人出，各領風騷數百年」，這是一項理想性的、永續性的巨大出版工程。不在意讀者的眾寡，只考慮它的學術價值，力求完整展現先哲思想的軌跡。雖然不符合商業經營模式的考量，但只要能爲知識界開啓一片智慧之窗，營造一座百花綻放的世界文明公園，任君遨遊、取菁吸蜜、嘉惠學子，於願足矣！

最後，要感謝學界的支持與熱心參與。擔任「學術評議」的專家，義務的提供建言；各書「導讀」的撰寫者，不計代價地導引讀者進入堂奧；而著譯者日以繼夜，伏案疾書，更是辛苦，感謝你們。也期待熱心文化傳承的智者參與耕耘，共同經營這座「世界文明公園」。如能得到廣大讀者的共鳴與滋潤，那麼經典永恆，名著常在。就不是夢想了！

總策劃 楊榮川

二〇一七年八月一日

導讀

哲學的藝術奪權

國立中央大學哲學研究所教授蕭振邦

Croce的生平梗概

義大利哲學家Benedetto Croce（1866-1952）長得一幅屠夫模樣，心思卻精深細密得令人艷羨。①Croce出生在一個極爲富裕的家庭，十七歲時家人因地震喪亡，嗣後他繼承家業以致終生皆能相對閒暇度日，而把大量時間投注哲學思考和寫作。

Croce涉入政治甚深，他長期擔任政府參議員，也曾以抑制激進法西斯主義（fascism）爲由而短暫支持Mussolini政府（Benito Mussolini’s Fascist government），隨後發覺終不可爲，而全面反對法西斯主義，並爲義大利人民的自由向Mussolini政府倒戈。

受到Gianbattista Vico（1668-1744）思想的影響，Croce於一八九三年開始研究哲學，

① 以下關於Croce的相關引介，參考及引用了英國格拉斯哥大學哲學系高講Gary Kemp的論述，參見：Gary Kemp, 2017/09/28, “Croce’s Aesthetics,” Stanford Encyclopedia of Philosophy, URL=https://plato.stanford.edu/entries/croce-aesthetics/

此時他已在大學裡熟悉了史學、社會學和政治學方面的知識及背景，而把焦點匯聚於藝術審美及精神哲學的評議上，嗣後深受Georg Wilhelm Friedrich Hegel（1770-1831）和Friedrich Wilhelm Joseph Schelling（1775-1854）等人哲學思想的影響，而開始其思想體系建構。②

Croce基本上是一位泛神論者（pantheist），宗教對他而言只是研習哲學的「入門教育研究」（propaedeutic study），而終其一生Croec寫了超過八十本以上的哲學著作，他的哲學主軸可以概括爲「精神的哲學」（Philosophy of Spirit），此或可視同爲他的思想表徵。

Croce的哲學思想

大體上說，Croce的哲學主題是在照應且找尋「先驗論」（transcendentalism）併同「感覺論」（sensationalism）的出路，這就好比同時在拓展理性主義與經驗主義。Croce認爲「先驗論」與「感覺論」兩者都是錯誤的，而他把找到的正確出路稱爲「內在論」（*immanentism*）。

根據Antonio Gramsci的說明：

就Croce而言，「精神」（spirit）就是人類的心靈（human mind）。人類的思考

② 後來Croce出版了相關著作：Benedetto Croce, *What is Living and What is Dead in the Philosophy of Hegel*（1915）（Whitefish, Montana: Kessinger Publishing, LLC, 2008/02）.

> 活動極爲重要，因爲那是人類的心靈攝受（apprehend），且因此創造了人類生活其中的世界。因而，心靈就是實在，而且並沒有人類以外的（extrahuman）或超絕的（transcendent）實在，而我們都隸屬於它。這就是Croce的「內在論」（immanentism）本質：並沒有超越人類精神的實在存在；控制歷史的各種原理並不是外在於我們的超絕勢力，而只是在人類世界自身之中被發現的。③

據此，"immanentism"即意指「內在論」，而這正是可以媲美Hilary Putnam（1926-2016）「內在論」的一種見解④，更且，Putnam的「內在論」在後現代思想改造中扮演了舉足輕重的角色，也因此讓我們有了重新探究Croce哲學的動機。

對應於不同理論或實踐的心理或精神活動模式，Croce的哲學有不同的分支（divisions）。要言之，其哲學思想的理論部分區分爲感性界域（處理殊相（particu-

---

③ James Martin (ed), 2002, "Antonio Gramsci: Marxism, Philosophy and Politics," in *Political science*, Google Play, URL=https://books.google.com.tw/books?id=1RWFNQ4E_ekC&pg=PA119&lpg=PA119&dq=Croce%27s+immanentism&source=bl&ots=LczzlwDTby&sig=kgSl0mWyqaqB26lfrV3SNUB96lQ&hl=zh-TW&sa=X&ved=0ahUKEwiKgoP2kv3XAhULtJQKHfTAAd8Q6AEIMDAB#v=onepage&q=Croce's%20immanentism&f=false

④ 關於Putnam的「內在論」之詳細闡釋，請參閱：George Lakoff, *Women, Fire, and Dangerous Things* (Chicago and London: The University of Chicago Press, 1987), pp.260-268.

lars〕——各種個體或直覺）、邏輯或知性界域（處理共相〔universals〕——各種概念和關係）；實踐部分則區分爲經濟——Croce意指所有效益計算的方式——和倫理或道德界域。這四個界域各自隸屬於具有特色的規範或價值：感性歸屬於美、邏輯歸屬於眞、經濟歸屬於有用（the useful）、道德歸屬於善。自一九〇一年到一九〇九年，Croce用了三本巨著來展示他的完整「精神哲學」圖式：《感性》（*Aesthetic*, 1901）、《實踐哲學》（*Philosophy of Practical*, 1908）、《邏輯》（*Logic*, 1909）。

Croce美學在其整體思想占有的關鍵地位

就美學而言，Croce認爲他最關鍵的洞察在於，所有的心智活動，亦即，整個實在，都以感性、直覺爲基礎，它本身並沒有任何目的，是以也沒有概念和判斷；而直覺加上存在判斷，則是Croce所謂的知覺（perception），然而知覺自身也是無知的（innocent）。可以說，「感性的首要性／優位性」是Croce抱持的重要理念。

在Croce看來，形成判斷的諸概念大部分都屬「擬似——概念」（pseudo-concept），反之，Croce以概念所擁有的表現性（expressiveness）、普遍性（universality）和具體性（concreteness）來特寫「純粹概念」（pure concept），然而，純粹概念很稀少，他承認只有終極（*finality*）、優質（*quality*）和美（*beauty*）屬之。可以說，這些見解畢竟形成了Croce特殊的美學觀（conception of aesthetics）。

Croce的第一本美學著作《作爲表現科學和普通語言學的感性》（*Aesthetic as Science of Expression and General Linguistic*, 1901）⑤包括兩個部分：(1)感性理論（Theory of Aesthetic）；(2)歷史的摘要（Historical Summary），涵蓋了他最重要的美學思想。要之，在Croce看來，直覺即一種感性，而直覺也即是表現，所以，感性就是表現。而且，直覺即一種抒情的表現，也即是藝術。是以，Croce的「感性理論」就是他的「美學」。更且，Croce的「美學」是構成其「精神哲學」整個體系的第一本書，是以他在撰述時，不論是在內部的分類範疇（categorization），或是在外部的嵌結關係（connection）上，多少都已先揭示構成其思想體系的其他兩個向度——邏輯和實踐哲學——之梗概，並預示了其間的相互關係和涵義，是以，領會Croce美學的要義，正是開啓其思想體系的一把鑰匙，而且在相隔一百年後，重讀Croce的「美學」，著實有意想不到的劃時代意義。

重新閱讀Croce美學的意義

要之，令人訝異的是，Croce哲學、美學的聲譽自二次大戰後就開始衰退；一方面，他

---

⑤ Benedetto Croce, 2003, *Aesthetic as Science of Expression and General Linguistic*, translated by Douglas Ainslie, Blackmask Online, URL=http://www.blackmask.com.以下依據朱光潛先生翻譯此書援用的書名「美學原理」（一般咸認他轉譯了Croce「美學」的「原理」部分）來簡稱這本書。

的系統思想很快地就被Martin Heidegger和解構主義（deconstructionism）取代；另一方面，他的系統論述在後人看來形同獨斷，終究人們需要先有信心，才可能挖掘出深埋於其文底層的洞見。

不過，Croce聲譽的快速黯淡，在我看來一點也不奇怪，因爲我認爲，Croce的著作——至少是他的「美學」——其實是爲一百年之後的後現代閱讀者寫的，他那個時代的人可能尚無從感受或領會其深層意蘊及切己性（significance）。要之，Croce的美學基本上承襲了Immanuel Kant的思想規模，但是他採取了相反的觀點和進路，主張藝術無處不在，差別只在於尋常直覺和「藝術品」直覺在量上不同、在質上沒差別。⑥換言之，就「藝術哲學」⑦的氛圍來看，直覺的表現即一種藝術，反之，藝術也只是直覺和表現，它們都以「感性」作爲基礎，如是甚至把德國美學家重視的「理性」完全撇開，這也促使他的美學漸漸被當時的學者專家棄置。

在我現在看來，Croce的美學饒富新義。首先，當現代主義美學在二十世紀最末被顛覆

---

⑥ Croce, *Aesthetic as Science of Expression and General Linguistic*, p.15.

⑦ Hegel稱他自己的「美學」為「藝術哲學」，是以，嗣後凡藝術領域的美學探究即稱為「藝術哲學」，以別於哲學領域的美學探究——哲學美學（phiosophical aesthetics）。

時，大多數學者專家的美學學說也都被終結掉了，⑧但翻轉思考，這些現代主義美學學者當時曾經排斥或否決的美學學說，可能都獲得了重新正視的機會。Croec的美學當時也是在受排擠之列，然我要強調的是，保持一段距離，或擁有一段歲月的淘洗，或許更能看清楚事物之間的關係與眞相，因此，我們現在來釐清Croce美學的分際（demarcation），有可能比當時朱光潛先生擁有更好的條件及契機，這也就是說，或許當前更值得去重新探究Croce的美學。

其次，現代主義美學所以會被終結，主要原因即美學家或藝術家都過度強調「美」（beauty）這個概念或其隱喻遞衍⑨，完全無視「美」只是衆多感性（aisthesis）之一。要之，問題在於人類的感性豐富，譬如，舒服、中意、適意等，比比皆是，何以獨獨只強調

---

⑧ 關於「藝術的終結」議題，分別有德國藝術史家Hans Belting（1935-）的《藝術史的終結》——*Das Ende der Kunstgeschichte?*（Munich: Deutscher Kunstverlag, 1983），後來Belting把其書擴充改版為*Das Ende der Kunstgeschichte: Eine Revision nach Zehn Jahre*（《藝術史的終結：十年後修訂版》），去掉了原書的問號，終於斷言「藝術史的終結」。此外，美國當代著名的美學家Arthur Coleman Danto（1924-2013）也寫了一本《追求藝術終結》——Arthur C. Danto, *After the End of Art: Contemporary Art and the Pale of History*（Princeton, N.J.: Princeton University Press, 1997），展示了類似的看法。比較之，Belting和Danto雖然在兩人的書中的用詞是一致的（“the End of Art”），但兩人所照應的藝術課題及關懷都不一樣——Belting比較關注後現代初期「藝術去歷史化」的發展異象，而Danto則關懷現代主義美學的自縊過程。

⑨ 相關看法，見：George Lakoff and Mark Johnson, *Metaphors We Live By* (Chicago: The University of Chicago Press, 2003), pp.192-194.

「美」或只需要「審美」？若依後現代（the postmodern）[⑩]美學觀點來看，這種「獨獨強調美或審美的取徑」根本就是「唯美主義或泛審美化主義的謬誤」，簡言之，就是忽視眾多的其他感性因子而獨重「美」或「審美」，並把它們在感性領域極大化的謬誤。[⑪]果爾如是，Croce強調重新正視「感性」的美學，也就有了十足的後現代寓意。

其三，Croce使用的"externalization"一詞，若依其文脈或可譯爲「具體外顯」，要之，依《美學原理》第十五章，Croce認爲，我們是透過意志把直覺的內容具體外顯的，但吾人不能憑藉意志決定要不要感性之所見（aesthetic vision），反之，意志畢竟可以決定要不要

---

⑩ 本文所謂的「後現代」（the postmodern），意指的是學界經常論及的當代「文化典範」（cultural paradigm）或相應的時空情境，但它更隱喻著一種在價值淪喪之迷霧中尋找出路的生命走向。簡約言之，其特色主要是拒斥現代主義的價值取向，而以多元、複音觀點，援解構原理和原真性（authenticity）理念，來重新標定全新價值觀的我們這個時代的主要發展進程。詳細而深入的闡釋，請參閱：高宣揚，《後現代論》（臺北市：五南出版事業公司，2002，初版），以及，黃訓慶（譯），Richard Appignanesi（編著），傅偉勳（主編），《後現代主義》（臺北市：立緒文化事業公司，1996，初版）。另可參考加拿大作家Richard Appignanesi的相關著作：Richard Appignanesi and Chris Garratt, *Introducing Postmodernism: A Graphic Guide*(London: Icon Books Ltd, 2007)。

⑪ 深入的討論，請參考：Wolfgang Welsch, 2000/11/02, "Aesthetics Beyond Aesthetics," Friedrich-Schiller-Universität Jena Website, URL=http://www2.uni-jena.de/welsch/Papers/beyond.html.（這是理論闡發）；Monica Sassatelli, 2000,"Aestheticized Life, An-aestheticized Art," Parol on line Website, URL=http://www.parol.it/articles/sassatelli.htm.（這是實證研究）。

把直覺之所見具體外顯，亦即，把它製做成具體存在於外在世界的物品。⑫若依《美學原理》第十三章，Croce強調藝術家需要先有現實的操作，才能表現爲「藝術品」，其實是一種錯誤的想法，誤以爲藝術品的創作都是在心中先對直覺之表現有所想像，然後才把它具體外顯的。⑬要之，根據《美學原理》不斷展示的「直覺－經驗中介－表現」中介嵌結關係來看，當可明白那其實講的就是我們現在所注重的「體現」（embodiment），這已然接近後現代美學所探討的主要內容了。

其四，回溯藝術發展史，十九世紀由法國開始，藝術家藉「爲藝術而藝術」（*l'art pour l'art*）之名進行奪權，試圖透過藝術在其自身之價值的擅揚，而把自己的尊嚴和地位從政治、宗教附庸，特別是從哲學家的詮釋牢籠中重新奪回來，甚至發展出唯美主義（Aestheticism）的藝術風潮，此可謂之爲「藝術的哲學奪權」。

到了二十世紀，Croce主張直覺就是最基層的感性活動，它就是抒情表現（主觀情感），而藝術正是人的「抒情表現」，所以直覺也就等同於藝術。這就是Croce美學的主調，其涵義更在於揭露藝術品是在藝術家心中完成的，可見的「藝術品」，其實是藝術家心

---

⑫ 相關看法，參見：Croce, *Aesthetic as Science of Expression and General Linguistic*, pp. 60-61.

⑬ 相關看法，參見：Croce, *Aesthetic as Science of Expression and General Linguistic*, p. 56.

中之直觀的具體外顯。總此，Croce雖然批評德國傳統美學「把藝術歸給了哲學」⑭，似乎他本人的哲學更想將藝術「予以正名」，此如朱光潛先生即相應地指出：

> 這種美學觀點剝奪去藝術的一切理性內容和一切實踐活動和社會生活的聯繫，把藝術降低到最單純的最基層的感性認識活動，亦即表現個人霎時特殊心境或情感的意象；這種意象的單純〔，〕據說就保證了藝術的獨立自主。⑮

果爾如是，藝術即直覺和表現，它是一種基層的感性活動——藝術非物理事實、無關乎功利活動、不依附於道德考量，也不從屬概念或邏輯；容或，這樣的看法可以理解爲哲學家從事的一次「藝術奪權」。簡言之，是想從藝術家那裡重新把「發言權」奪回來，同時，這也就把藝術轉換成純粹思辨的詮釋，而其內容則純然是主體感性的表現。總此，Croce的美學可謂爲二十世紀劃時代的、獨一無二的「哲學的藝術奪權」，凡可媲美於十九世紀深具影響力的「藝術的哲學奪權」，而在兩者相互輝映之後，西方美學畢竟捲入了後現代的顛覆浪濤，至今未返。

---

⑭ 朱光潛，《西方美學史・下卷》（新北市：漢京文化事業公司，1983/03，初版6刷），頁298。

⑮ 朱光潛，《西方美學史・下卷》，頁300。

Croce的《美學原理》

朱光潛先生完整地轉譯了Croce《作爲表現科學和普通語言學的感性》的〈感性理論〉部分，且定名爲「美學原理」，並輔以註腳。容或，在了解Croce美學大要之後，可以確認重讀Croce的《美學原理》是有價值的。

依據Croce原著中的完整標題指引、朱光潛先生的翻譯及解釋，以及Croce美學所具有的跨越時代的意義，我們在閱讀《美學原理》時當關注以下課題：

(1)直覺即感性活動
(2)直覺即抒情的表現
(3)直覺即藝術
(4)創造與鑑賞統一的突現詮釋（emergentinterpretation）——感性論
(5)美即成功表現的突現詮釋——表現論
(6)語言即藝術

這些內容，朱光潛先生都譯得很清楚，讀者可以自行研讀，並深探其底蘊。

最後，與Hegel的「藝術哲學」如出一轍，Croce的美學也把「自然美」給剔除了——顯然這是觀念論或唯心主義取徑共有的特質，但Croce也提供給我們一種具體外顯的「藝術自然觀」[16]，以成就其美學思維的整全性。若是，Croce的美學能夠提供我們什麼創意基礎而有所飛躍？這是讀者在閱讀《美學原理》時可以期待的。

蕭振邦

寫於國立中央大學哲學研究所

---

⑯ 相關看法，參見：Croce, *Aesthetic as Science of Expression and General Linguistic*, p.56。

修正版譯者序

這幾年國內美學界在批判我的主觀唯心主義的美學思想中，常涉及我所依據的克羅齊的美學思想。一般人把克羅齊稱爲新黑格爾派，其實他的美學思想更接近康德。不但他的直覺說是發揮康德的「無所爲而爲的觀照」說，而且在存在與意識的關係上，他認爲本來「無形式的物質」借心靈綜合作用而得到形式，也還是康德的「先經驗的綜合」說的變相。所以他的美學思想還是屬於主觀唯心主義的範疇。他的基本錯誤就在這個主觀唯心主義的出發點，從此生出一些其他突出的錯誤；例如把單純感覺式的直覺混爲藝術形象思維式的直覺，把直覺和抽象思維的分別加以絕對化，過分強調直覺爲心靈活動，把藝術的表現媒介和傳達技巧看成和藝術沒有直接的關係之類。不過他對美學也並非毫無貢獻。在立的方面，他把形象思維和抽象思維的對立突出地加以闡明了，儘管他沒有看到這兩對立面的統一；他把藝術的整一性（即無論是自然美還是藝術美，無論是這一種藝術美還是那一種藝術美，既然都叫做美，總有一個共同的特性）也強調指出了，儘管他忽視了不同具體事例的差異性。在破的方面，他對於過去一些美學觀點的批評也替美學的進展掃清了一些障礙，特別在否定美學上的快感主義、聯想主義、「理智的直覺」說、同情說、鑑賞力與天才的對立說等方面。至於藝術與語言的統一說則是他首次提出來的，對於語言學與美學都有深刻的意義；不過關於這方面，我們還有待於進一步的探討。

像康德和黑格爾一樣，克羅齊是把美學看成哲學中一個部門的，他用的方法主要地是概念的分析和推演，所以他反對從作爲經驗科學的心理學觀點去研究美學。我在《文藝心理學》裏，一方面依據了克羅齊純粹從哲學出發所建立的理論，一方面又摻雜了一些心理學派的學說。如果單從介紹克羅齊來說，我對他有些歪曲。因此，把克羅齊的原著介紹出來，無論是對於批判還是對於吸收，都是有益的。克羅齊自己在本書第九章裏也說：「過去的錯誤的學說不宜忘掉不談，因爲各種眞理都要在和錯誤鬥爭之中，才能維持它們的生命。」

這是十年前的舊譯，爲了再版，我做了很多的文字上的修改。

朱光潛

一九五六年七月

第一版譯者序

我起念要譯克羅齊的《美學》，遠在十五、六年以前，因爲翻譯事難，一直沒有敢動手。這十五、六年中我卻寫過幾篇介紹克羅齊學說的文章，事後每發見自己有誤解處，恐怕道聽塗說，以訛傳訛，對不起作者，於是決定把《美學》翻譯出來，讓讀者自己去看作者的眞面目。

《美學》是克羅齊的第一部著作，它所討論的不僅是普通的美學問題，尤其是美學在整個哲學中的地位，審美活動與其他心靈活動的分別和關係。克羅齊對於哲學自有一個系統，美學在這個系統裏只是一個專案。他寫完《美學》以後，繼續寫了三部書——《邏輯學》、《實踐活動的哲學》、《歷史學》——才把他所謂《心靈的哲學》全部和盤托出。不過後來的三部書的要義都已在《美學》裏約略提及，所以《美學》這部書含有他的全部哲學的雛形，不能只當作一部專講美學的書去看。

克羅齊的文章有它的邏輯的謹嚴性，意思表達到恰能明白爲止，不再去發揮，也不講究辭藻的修飾，所以表面看起來像很乾枯，有時像過於簡略，沒有一般寫藝術問題的文章那麼

「美」。它的好處在精確不枝蔓。讀這種文章，如同讀亞里斯多德和康德的文章一樣，當然很費力；惟其要費力，讀者就要讀一句、想一句，不能走馬看花，或是只被動地接受，所以費力有費力的收穫。

我自己寫文章，一般以流暢親切為主，翻譯這書時卻不得不改變自己的作風以求對於作者忠實。我起稿兩次，第一次全照原文直譯，第二次膽清，丟開原文，順中文的習慣把文字略改得順暢一點。我的目標是：第一不違背作者的意思；第二要使讀者在肯用心求了解時能夠了解。

因為原文太簡，有時援引中國讀者所不很熟習的學說或典故，所以我在譯文之後附著簡明的注釋。

原書分原理與歷史兩部分，我只譯了原理部分，所以書名也改為《美學原理》，這並非因為歷史部分不重要，而是因為克羅齊寫美學學說史，完全照他的直覺即表現那個觀點出發，與他的學說無關的一概從略。所以《美學》的歷史部分不能當作一般的美學史去看，對於初學者沒有多大用處。

我根據的本子是昂斯勒（Douglas Ainslie）的英譯本，一九二二年倫敦麥克米倫書店出版（*Benedetto Croce: AESTHETIC as Science of Expression and General Linguistic*，Macmillan & Co. Ltd., London, 1922），譯時並參照義大利原文本第五版。因為我發見英

譯本常有錯誤或不妥處，原因在譯者的哲學訓練不太夠，而且他根據修正的是原文第四版（一九〇九年版），克羅齊在第五版（一九二二年版）裏已略有更正。

朱光潛

一九四七年二月

目錄

第二章　直覺與藝術

第二章　藝術與哲學

第六章 認識的活動與實踐的活動

第七章　認識的活動與實踐的活動的類比

第八章　其他心靈的形式不存在

第九章 論表現不可分為各種形態或程度，並評修辭學

第十章

各種審美的感覺以及美與醜的分別

第十三章　自然與藝術中的「物理的美」

第十七章 文學與藝術的歷史

第十八章 結論：語言學與美學的統一

第一章　直覺與表現

直覺的知識

知識有兩種形式：不是直覺的，就是邏輯的；不是從想像得來的，就是從理智得來的；不是關於個體的，就是關於共相的；不是關於諸個別事物的，就是關於它們中間關係的；總之，知識所產生的不是意象，就是概念①。

在日常生活中，我們常用到直覺的知識。人們說，有些眞理不能下界說，不能用三段論式證明，必須用直覺去體會。政治家每指責抽象的理論家對實際情況沒有活潑的直覺；教育理論家極力主張首先要發達學童的直覺功能，批評家在評判藝術作品時，以爲榮譽攸關的是撇開理論和抽象概念，只憑直接的直覺下判斷；實行家也每自稱立身處世所憑藉的，與其說是理智，不如說是直覺。

直覺的知識在日常生活中雖然得到這樣廣泛的承認，在理論與哲學的區域中卻沒有得到同樣應得的承認。理性的知識早就有一種科學去研究，這是世所公認而不容辯論的，這就是邏輯；但是研究直覺知識的科學卻只有少數人在畏縮地辛苦維護。邏輯的知識占據了最大

---

①「直覺的知識」（intuitive knowledge）：見到一個事物，心中只領會那事物的形相或意象，不假思索，不生分別，不審意義，不立名言，這是知的最初階段的活動，叫做直覺。直覺是一切知的基礎。見到形相了，進一步確定它的意義，尋求它與其他事物的關係和分別，在它上面作推理的活動，所得的就是概念（concept）或邏輯的知識（logical knowledge）。（本書注釋均為中譯者注）

的份兒，如果邏輯沒有完全把她的夥伴宰殺吞噬，也只是慳吝地讓她處於侍婢或守門人的卑位。沒有理性知識的光，直覺知識能算什麼呢？那就只是沒有主子的奴僕。主子固然得到奴僕的用處，奴僕卻必須有主子才能過活，直覺是盲目的，理智借眼睛給她，她才能看。

直覺知識可離理性知識而獨立

現在我們所要切記的第一點就是：直覺知識並不需要主子，也不要倚賴任何人；她無需從旁人借眼睛，她自己就有很好的眼睛。直覺品②固然可與概念混合，但是也有許多直覺品毫沒有這種混合的痕跡，這就足見混合並非必要。畫家所給的一幅月景的印象，製圖家所畫的一個疆域的輪廓，一段柔美的或是雄壯的樂曲，一首嗟歎的抒情詩的文字，或是我們在日常生活中發疑問、下命令和表示哀悼所用的文字，都很可以只是直覺的事實，毫不帶理智的關係。但是不管你對這些事例怎樣看，並且姑且承認文明人的直覺品有大部分含著概念，也還有一個更重要、更確定的論點須提出：混化在直覺品裏的概念，就其已混化而言，就已不

---

② 西文把直覺的心理活動和直覺所得到的意象通稱為intuition，不加分別，頗易混淆。現在把直覺的活動叫做「直覺」，直覺的產品叫做「直覺品」。「表現」與「表現品」由此類推。這猶如寫文章叫做「作」，寫成的叫做「作品」。在意義不致混淆時，即不作此分別。

復是概念，因爲它們已失去一切獨立與自主；它們本是概念，現在已成爲直覺品的單純原素了。放在悲喜劇人物口中的哲學格言並不在那裏顯出概念的功用，而是在那裏顯出描寫人物特性的功用。同理，畫的面孔上一點紅，在那裏並不代表物理學家的紅色，而是畫像的一個表示特性的原素。全體決定諸部分的屬性。一個藝術作品儘管滿是哲學的概念，這些概念儘管可以比在一部哲學論著裏的還更豐富、更深刻，而一部哲學論著也儘管有極豐富的描寫與直覺品；但是那藝術作品儘管有那些概念，它的完整效果仍是一個直覺品的；那哲學論著儘管有那些直覺品，它的完整效果也仍是一個概念的。例如《約婚夫婦》③一書含有許多倫理的議論，但它並不因此在全體上失去一個單純故事或直覺品的特性。同理，一部哲學著作，例如叔本華的著作，裏面有許多片段故事和諷刺雋語，這也不使它失去說理文的特性。一個科學作品和一個藝術作品的分別，即一個是理智的事實，一個是直覺的事實。這個分別就在作者所指望的完整效果上面見出。這完整效果決定而且統轄各個部分；這各個部分並不能一一提出而抽象地就它本身去看。

---

③《約婚夫婦》（I Promessi Sposi）是十九世紀義大利作家曼佐尼（Alessandro Manzoni 1785—1873）的一部著名小說。

直覺與知覺

只承認直覺可獨立不靠概念，還不能盡直覺的眞義。有一派人承認這種獨立，或是至少不彰明較著地使直覺靠理智，但卻仍不免犯另一種錯誤，以至不明直覺的眞相。這就是把直覺認成知覺④，認成對於現前實在的知識，即說某某事物是實在的那種認識。

知覺的確是直覺。例如我在裏面寫作的這間房子，擺在我面前的墨水瓶和紙、我用的筆、我所接觸的和用來做我的工具的種種事物，以及既在寫作，所以是存在的我自身——這一切知覺品都同時是直覺品。但是我現在忽然想起另一個我，在另一城市中另一間房屋裏用另一種紙筆墨寫作，這意象也還是一個直覺品。這可見實在與非實在的分別對於直覺的眞相是不相干的，次一層的。如果我們假想人心第一次有直覺品，那就好像只能是關於現前實在界的，這就是說，它除實在界以外不能對任何事物起直覺。但是因爲對於實在界的知識需根據實在的形象和非實在的形象的分別，而這種分別在最初階段還不存在，這些直覺品就不能說是對於實在判別是非的，就還不是知覺品而是純粹的直覺品。在一切都實在時，就沒有事

④「知覺」（perception）：見一事物形象而知覺其為某某，明白它的意義，叫做「知覺」。它在直覺之後，概念之前。知覺的物件仍是個別事物，概念則需涉及許多事物的共相或公同屬性。不過事實上這三種活動常可辨別而不可分割。比如說「那是一個人」，直覺得到「那」所代表的形象，知覺得「那是一個人」的認識，而「人」則為凡人的公同屬性，由概念作用得來。

物是實在的，嬰兒難辨眞和僞，歷史和寓言，這些對於他都無分別。這事實可以使我們約略明白直覺的純樸心境。對實在事物所起的知覺和對可能事物所起的單純形象，二者在不起分別的統一中，才是直覺。在直覺中，我們不把自己認成經驗的主體，拿來和外面的實在界相對立，我們只把我們的印象化爲物件（外射我們的印象），無論那印象是否是關於實在。

直覺與時間空間概念

有些人把直覺看成純靠時間空間兩範疇來形成和安排的感官領受⑤，這倒似較近於眞理。空間與時間（他們說）是直覺的兩形式；具有一個直覺品，就是把它安排在空間裏和時間次第裏。直覺的活動於是包含空間性與時間性這兩重的並行的功能。但是關於時空這兩種範疇在與直覺品混合時，上述關於理智分辨與直覺品混合的話還可以適用。我們可以離開空間時間而有直覺品：例如天的一種顏色，一種情感的色調，一聲苦痛的嗟歎，一種意志的奮發，在意識中成爲物件，都是我們的直覺品，它們的形成都與空間時間無關。有些直覺品可

---

⑤ 西文sensation一字普通的譯名是「感覺」。既成「覺」，即與「知覺」無別。克羅齊用這字的意義與一般用法不同，它只是事物觸到感官而感官起作用，還沒有到「覺」的程度。它應譯為「感受」，意即「感官領受」，或刺激在感官上起作用。「感受」還是被動的，未由心靈領會的，心靈主動，把「感受」的東西察覺，於是才成知覺。

以有空間性而無時間性，有些直覺品可以有時間性而無空間性；縱然有些直覺品兼有空間性和時間性，也是借事後回想才知覺其爲有：它們混化於直覺品，正和直覺品的其他原素一樣，只是材料因而不是形式因，只是組合的份子而不是組合的作用。除非回想的活動暫時闖入凝神觀照，誰在看一幅畫或一片風景時，能想到空間呢？誰在聽一個故事或一首樂曲時，能想到時間次第呢？直覺在一個藝術作品中所見出的不是時間和空間，而是性格，個別的相貌。這個看法在近代哲學各方面都可得到印證。空間和時間在今日並不是單純而原始的作用，而是很複雜的理智的建立品。還不僅此，有一派人縱然不完全否認空間、時間有賦予形式的原則，範疇和作用那麼一種特性，卻也想把空間、時間連貫起來，不用通常看待範疇的看法去看待它們。有些人以爲直覺只有空間性一個範疇，而時間只能假道於空間去直覺。又有些人放棄三度空間，以爲從哲學看，無此必要，於是空間作用被看成沒有任何特殊的空間的定性。但是這樣空間作用——一種簡單的安排要連時間也安排在內——究竟是什麼呢？它一定代表凡批評辯駁所留下來站得住的一點什麼——就是要承認有普通的直覺活動。如果把一個單純的作用付與這個直覺活動時，把這作用不看作空間化或時間化，而只看作個性化，這直覺活動不就已眞正地有了確定的性質麼？或則說得更好一點，如果把這直覺活動本身看成一個範疇或作用，使我們憑藉它來認識事物的具體方面與個性方面，它不就已眞正地有了確定的性質麼？

直覺與感受

既已使直覺的知識脫淨理智主義的意味以及一切後起外加的東西了，我們現在就要從另一方面來說明它，定它的界限，替它防禦另一種侵犯和混淆。在直覺界限以下的是感受，或無形式的物質。這物質就其爲單純的物質而言，心靈永不能認識。心靈要認識它，只有賦予它以形式，把它納入形式才行。單純的物質對心靈爲不存在，不過心靈須假定有這麼一種東西，作爲直覺以下的一個界限。物質，在脫去形式而只是抽象概念時，就只是機械的和被動的東西，只是心靈所領受的，而不是心靈所創造的東西。沒有物質就不能有人的知識或活動，但是僅有物質也就只產生獸性，只產生人的一切近於禽獸的衝動的東西；它不能產生心靈的統轄，心靈的統轄才是人性。在我們的身心中所經過的一切，我們豈不常想懂得清楚！我們隱約地瞥見有一種什麼，但是這並沒有在心靈面前化成物件，納入形式。就是在這些時會，我們最便於看出物質與形式的大差別。物質與形式並不是我們的兩種作爲，互相對立；它們一個是在我們外面的，來侵襲我們、撼動我們；另一個是在我們裏面的，常要吸收那在外面的，把自身和它合爲一體。物質，經過形式打扮和征服，就產生具體形象。這物質、這內容，就是使這直覺品有別於那直覺品的；這形式是常住不變的，它就是心靈的活動；至於物質則爲可變的。沒有物質，心靈的活動就不能脫離它的抽象的狀態而變成具體的、實在的活動⑥，不能成爲這一個或那一個心靈的內容，這一個或那一個確定的直覺品。

有一個奇怪的事實是這個時代的特色，就是這個形式，這個心靈的活動，本來主要地是我們自己的，卻常被人忽視或否認。有些人把人的心靈的活動和通常所謂「自然」的譬喻的和神話的活動混爲一事，其實這自然的活動只是機械動作，與人的活動毫不相似，除非和伊索⑦一樣假想：「樹木也能說話，不僅是野獸。」有些人說他們從來沒有在自己心裏發見到這種「神奇的」活動，好像說發汗與運思，覺冷與起意志都沒有差別，或者縱有差別，也只是分量上的差別。另一些人要把心靈活動與機械動作這兩種異類的東西連貫成爲一個較普遍的概念，也頗言之成理。我們暫且不論這種最後的連貫是否可能，在何種意義之下可能，且承認我們不妨這樣嘗試，可是有一點是顯然的，就是把兩個概念連貫成一個第三概念時，首先就要承認原來那兩個概念有差別。這差別就是我們所要探討的，要說明的。

---

⑥ 本書常用具體（concrete）和抽象（abstract）兩個相對立的形容詞，但與通常的用法稍有分別。依通常的用法，實物是「具體」的，屬性是「抽象」的。克羅齊用這兩字，頗受黑格爾的影響。一個整個的東西就其全體來說，是「具體」的；在其中單抽出某一部分來說，是「抽象」的。例如內容與形式融化成一體，才是「具體」的藝術作品；如果單就內容說，或單就形式說，那就成了「抽象」。換句話說，「具體的」是「全面的」，「抽象的」是「片面的」。

⑦ 伊索（Aesop）：西元前六世紀弗里吉亞人，原是奴隸，後以寫寓言著名。他的寓言在西元後四〇年始用希臘文譯成詩。

直覺與聯想

直覺有時被人混爲單純的感受，但是這就違反常識；較普通的辦法是拿一種話頭來沖淡它或掩飾它，而其實這話頭說是要分別直覺與感受，卻仍然把它們弄混淆了。直覺據說就是感受，但是與其說是單純的感受，毋寧說是諸感受品的聯想。這裏「聯想」一詞隱藏著兩重意義。第一，聯想被看成記憶，記憶的聯絡，有意識的回想。在這個意義之下，說把本來未經直覺、未經分辨、未經心靈以某種方式獲取、未經意識造作的一些原素在記憶裏連貫起來，那似是不可思議的。其次，聯想或是被看成下意識的諸原素的連貫。在這個意義之下，我們就還未脫離感受和自然的境界。但是如果我們隨聯想派學者把聯想看成既非記憶，又非諸感受品的流轉，而是創造的聯想（賦予形式的、建設的、分辨的聯想），那就是承認我們的主張，而所否認的不過是名稱。因爲創造的聯想已不是感受主義者所了解的聯想，而是綜合、是心靈的活動。綜合可稱爲聯想，但是既有了創造一個意思，就已假定有被動與主動，感受與直覺的分別了。

直覺與表象

另一派心理學家在感受之外還辨別出另一種東西，它已不復是感受，但是也還未成爲理性的概念：這就是「表象」或「意象」⑧。他們所謂「表象」或「意象」和我們所謂「直覺的知識」究竟有什麼分別呢？這分別可以說是很大，也可說是毫無。因爲「表象」是一個很含混的名詞。如果它指已從諸感受品的心理基礎分割出來的、超然獨立的一種東西，那麼表象就是直覺。如果它被看成複雜的感受品，我們又回到生糙的感受，感受終是感受，它的特質並不隨它的繁簡而變，也不隨它所出現的有機體是原始的，還是高度發達的，帶著許多過去感受品的遺痕的這個分別而變。把感受定爲第一位的心理產品，表象定爲第二位元的心理產品（使它們在心理發展上有先後分別），這也不能消除含混。什麼叫做第二位呢？它是否指一種性質上的形式的分別？如果是，則表象是感受的加工潤色，所以就是直覺。否則它是否指較大的繁複性，一種數量上的內容分別？如果是，則直覺又和簡單的感受混淆起來了。

直覺與表現

要分辨眞直覺、眞表象和比它較低級的東西，即分辨心靈的事實與機械的、被動的、自然的事實，倒有一個穩妥的辦法。每一個眞直覺或表象同時也是表現。沒有在表現中物件化

---

⑧「表象」（representation）：事物投射一個形影在心裏，心裏那個形影便「代表」事物本身，它就是事物在心中的「表象」。「意象」或「形象」（image），是一個比較通行的名詞。

了的東西就不是直覺或表象，就還只是感受和自然的事實。心靈只有借造作、賦形、表現才能直覺。若把直覺與表現分開，就永沒有辦法把它們再聯合起來⑨。

直覺的活動能表現所直覺的形象，才能掌握那些形象。如果這話像是離奇的，那就多少由於「表現」一詞的意義通常定得太狹了。它通常只限用於所謂「文字的表現」。但是表現也有非文字的，例如線條、顏色、聲音的表現。我們的學說必須擴充到能適用於這些上面，它須包含人在辭令家、音樂家、畫家或任何其他的地位所有的每一種表現。但是無論表現是圖畫的、音樂的，或是任何其他形式的，它對於直覺都絕不可少；直覺必須以某一種形式的表現出現，表現其實就是直覺的一個不可缺少的部分。我們如何眞正能對一個幾何圖形有直覺，除非我們對它有一個形象，明確到能使我們馬上把它畫在紙上或黑板上？我們如何眞正能對一個區域——比如說西西里島——的輪廓有直覺，如果我們不能把它所有的曲曲折折都畫出來？每個人都經驗過，在把自己的印象和感覺抓住而且表達出來時，心中都有一種光輝煥發；但是如果沒有抓住和表達它們，就不能有這種內心的光輝煥發。所以感覺或印象，借

---

⑨「表現」（expression）：克羅齊用這個字，和一般的用法大異。普通是：心裏有一個意思，把它說出來（用文字或用其他媒介）叫做「表現」。例如說某人在某作品裏「表現」他的情感和思想，這正猶如說某人面紅耳赤，聲色俱厲，「表現」他的怒，把藏在心裏的東西「現」在「表」面來。據克羅齊的意思，事物觸到感官（感受），心裏抓住它的完整的形象（直覺），這完整形象的形成即是表現，即是直覺，亦即是藝術。這一點是他的基本原理，對於了解他的美學極為重要。參看本書一四九頁注②。

文字的助力，從心靈的渾暗地帶提升到凝神觀照界的明朗。在這個認識的過程中，直覺與表現是無法可分的。此出現則彼同時出現，因爲它們並非二物而是一體。

直覺與表現有分別的錯覺

我們的主張所以顯得似是而非者，主要是由於一種錯覺或偏見：以爲我們對於實在界的直覺很完備；而實際上它並不是那樣完備。我們常聽到人們說他們心裏有許多偉大的思想，但是不能把它們表現出來。但是他們如果眞有那些偉大的思想，他們就理應已把它們鑄成恰如其分的美妙響亮的文字，那就是已把它們表現出來了。如果在要表現時，這些思想好像消散了或是變得貧乏了，理由就在它們本來不存在或本來貧乏。人們以爲我們一般人都像畫家一樣能想像或直覺山川人物和景致，和雕刻家一樣能想像或直覺形體，所不同者，畫家和雕刻家知道怎樣去畫去雕這些形象，而我們卻只讓它們留在心裏不表現。他們相信任何人都能想像出一幅拉斐爾[10]所畫的聖母像；拉斐爾之所以爲拉斐爾，只是由於他有技藝方面的本領，能把那聖母畫在畫幅上。這種見解是極荒謬的。我們所直覺到的世界通常是微乎其微

---

[10] 拉斐爾（Raffael 1483—1520）：義大利文藝復興時期畫家。他畫的聖母像很多，最著名的是在羅馬西斯汀教堂的聖母像，現藏德國德雷斯頓博物館。

的，只是一些窄小的表現品，這些表現品隨某時會的精神凝聚之加強而逐漸變大變廣。它們就是我們自言自語的話，我們的沉默的判斷，例如「這裏是一個人，這裏是一匹馬，這是沉重的，這是尖銳的，這個使我快意」之類。它們只是光與色的雜湊，在畫藝上的價值並不高於偶然放射的一些顏色所可表現的東西，在這些顏色中很難找出一點特殊而明顯的個性。我們在日常生活中所有的直覺品不過如此，它們是我們日常行動的憑藉。它們像一部書的引得，貼在事物上面就代表那些事物的標籤。引得與標籤（本身就是表現品）只夠適應微細的需要和微細的行動。我們經常須從引得轉到書，由標籤轉到事物，由微細的直覺品轉到較深廣的直覺品，逐漸達到最廣大、最崇高的直覺品。這個轉有時很不容易。精研藝術家心理學的人們常見到這樣的事實，把一個人很快地瞥一眼之後，想對他得到一個眞實的直覺，好來畫他的像，但是臨畫時，這種尋常知見，本來像是很明確生動，卻忽然顯得沒有什麼價值。要畫像的那個人物站在兩家面前，好像一個尚待發見的世界。米開朗基羅⑪說過：「畫家作畫不是使手而是使腦。」達文西⑫站在《最後的晚餐》那幅畫前呆視了許多天，也不動手著

⑪ 米開朗基羅（Michael Angelo 1475—1564）與拉斐爾，達文西同為當時義大利三大畫家，成就最大。他的傑作是羅馬西斯汀教堂的壁畫，用《創世記》做題材的。他的雕刻和建築也極有名。

⑫ 達文西（Leonardo da Vinci 1452—1519）所畫的《最後的晚餐》，是畫在米蘭慈悲聖母修道院（Santa Maria della Grazia）的齋堂壁上的一幅壁畫。

一筆，惹得慈悲聖母修道院的長老大驚小怪。他有句話表明這個態度：「大天才的心靈最活躍的創造，是當他們在外表上最不起勁做工作的時候。」畫家之所以爲畫家，是由於他見到旁人只能隱約感覺或依稀瞥望而不能見到的東西。我們以爲我們見到一陣微笑，實際上我們所得的卻只是它的一個模糊的印象，而沒有看出全部性格上的蘊藉以這陣微笑爲它們的總和；畫家在這上面費過意匠經營，發見了它們，所以能把它們凝定於畫幅上面。我們對於朝夕都在面前的密友所得到的直覺品，也至多不過是面貌上幾個可以幫助辨別他和旁人的特點。在音樂的表現上，這幻覺比較不容易發生；因爲說作曲者只附加樂曲於一個「母題」上面，而這「母題」是在一個非作曲者心中已經存在；這種話大家都會覺得離奇，正猶如說貝多芬的第九交響[13]不是他自己的直覺品，而他的直覺品也不是第九交響樂。一個人不明白自己有多少物質的財產所起的錯覺，可以被數學糾正，數學載明了它的確數；一個人對於自己的思想和意象的財產存著錯覺，在逼得要跨過表現那一道「鴻溝」時，也就會恍然大悟。兩事道理實相同。讓我們向前一位說：「數著看看。」向後一位說：「說出來。」或是：「這裏有筆，寫出來。」

我們每個人實在都有一點詩人、雕刻家、音樂家、畫家、散文家的本領；但是比起戴著這些頭銜的人們，那就太少了；正因爲這些人所具有的雖是人性中一些最平常的傾向和能

⑬ 貝多芬（Ludwig van Beethoven 1770—1827）：德國大音樂家。他的《第九交響樂》是他晚年的重要作品。

力，卻到了一個極高的程度。一個畫家可以具有一個詩人的直覺，可是那比起詩人的直覺卻是多麼渺小！一個畫家也可以具有另一個畫家的直覺，可是那比那另一畫家的直覺卻也多麼渺小！然而這渺小的一點就是我們的直覺或表象的全副資產。此外只是一些印象、感受、感覺、衝動、情緒之類東西，還沒有達到心靈境界，還沒有被人吸收融會的一些東西；這一些東西只是為方便而假立，實際上並不存在，因為「存在」也就是心靈的事實⑭。

直覺與表現的統一

在本章開始給直覺所下的各種形容詞以外，我們可以加上這一句：直覺的知識就是表現的知識。直覺是離理智作用而獨立自主的；它不管後起的經驗上的各種分別，不管實在與非實在，不管空間、時間的形成和察覺，這些都是後起的。直覺或表象，就其為形式而言，有別於凡是被感觸和忍受的東西，有別於感受的流轉，有別於心理的素材；這個形式，這個掌握，就是表現。直覺是表現，而且只是表現（沒有多於表現的，卻也沒有少於表現的）。

⑭ 本書常用「心靈的事實」和「物理的事實」之類名詞。「事實」在英文為fact，在法文為fait，有「做成」或「成就」的意思。「心靈的事實」即「心靈所成就的東西」。下仿此。

第二章　直覺與藝術

附帶的結論和說明

在作進一步的討論以前，我們最好先就已經成立的原理之中抽出一些結論並加以說明。

藝術與直覺的知識統一

我們已經坦白地把直覺的（即表現的）知識和審美的（即藝術的）事實看成統一，用藝術作品做直覺的知識的實例，把直覺的特性都付與藝術作品，也把藝術作品的特性都付與直覺。但是我們的統一說和連許多哲學家也在主張的一個見解卻不相容，就是以爲藝術是一種完全特殊的直覺。他們說：「我們姑且承認藝術就是直覺，可是直覺不都是藝術；藝術的直覺當自成一類，和一般的直覺不同，在一般的直覺以外還應有一點什麼。」

它們沒有種類上的分別

但是沒有人能說明這另外一點什麼究竟是什麼。有時人們以爲藝術並不是單純的直覺，而是直覺的直覺，正猶如科學的概念不是一般的概念，而是概念的概念。因此，人在成就藝術時，並不像一般的直覺只把感受外射爲物件，而是把直覺本身外射爲對象。但是這種提升到第二級的過程並不存在；拿它和一般的概念與科學的概念的關係相較，也不能證明所要說明的，因爲科學的概念也並非是概念的概念。這個比較所能證明的適得其反。一般的概念如果眞是概念而不是單純的表象，就是十足的概念，不管它的涵義怎樣貧乏窄狹。科學以概念代替表象，以涵義較富較寬的概念代替涵義較貧較窄的概念。它常在發見新關係。它的方法和最平常的人形成最簡單的概念所用的方法並無差別。普通叫做眞正的藝術所組合的直覺品，比我們通常所經驗的直覺品固較廣大較繁複，可是這些直覺品仍不外用感受與印象做材料。

藝術是諸印象的表現，不是表現的表現①。

它們沒有強度上的分別

同理，我們不能說普通叫做藝術的直覺是強度較大的直覺，所以與一般的直覺有別。如果說藝術的直覺與一般的直覺在同一材料上起不同的作用，這話也許是對的。但是藝術的功

---

①「印象」（impression）：即事物印在心中的象，起於感受（sensation）。事物刺激感官，所起作用名「感受」，感受所得為印象。感受與印象都還是被動的、自然的、物質的。心靈觀照印象，於是印象才有形式（即形象），為心靈所掌握。這個心靈的活動即直覺，印象由直覺而得形式，即得表現。表現是在心內成就的工作。一般人以為表現是把在心內的已經心靈綜合掌握的印象（即直覺品）外射出去，即借文字等媒介傳達於旁人。克羅齊反對此說，以為印象經心靈觀照、綜合、掌握、賦予形式，即已得到表現。傳達是另一回事，是下一步的事。

能雖伸展到較廣大的區域，在方法上和一般的直覺並無分別，所以它們的分別不是強度的而是寬度的。一首最簡單的通俗情歌，比起千千萬萬普通人在表示愛情時所說的話，是一樣的或差不多，它的直覺在強度上也許仍是完美的，儘管簡單得可憐；可是在寬度上它比萊奧帕爾迪②的情歌那樣繁複的直覺，就顯得太遜色了③。

它們的分別是寬度上的和經驗的

所以藝術的直覺與一般的直覺的分別全在量方面，就其爲量的分別而言，與哲學不相干，哲學是討論質的學問。有些人本領較大，用力較勤，能把心靈中複雜狀態儘量表現出來。這些人通常叫做藝術家。有些很繁複而艱巨的表現品不是尋常人所能成就的，這些就叫做藝術作品。叫做藝術的表現品或直覺品，就其與通常叫做「非藝術」的表現品或直覺品相對立而言，它們的界限只是經驗的，無法劃定的。如果一句雋語是藝術，一個簡單的字爲什麼不是呢？如果一篇故事是藝術，新聞記者的報導爲什麼不是呢？如果一幅風景畫是藝

② 萊奧帕爾迪（Giacomo Leopardi 1798—1837）：義大利詩人，他的短詩極有名，頗富悲觀色彩。

③ 克羅齊這段話的意思是藝術作品不能有質的分別，只能有量的分別。比如莎士比亞的某一首十四行詩如果自身是完美的，某一部悲劇如果自身也是完美的，雖然它們在量上懸殊很大，我們卻不能說在質上此優於彼，因為它們同是藝術，同是直覺的成就，同是恰如其分的表現。直覺雖有大小的分別，卻沒有本質上的分別。

術，一張地形速寫圖爲什麼不是呢？莫里哀的喜劇中那位哲學教師說得好：「每逢我們開口說話，我們就在作散文。」④但是世間總有一些學者像茹爾丹先生，驚訝自己說了四十年的散文都還不知道，不大相信他們在使喚僕人妮果蘿拿拖鞋來時，他們所說的其實就是——散文。

我們必須堅持我們的統一說，因爲藝術的科學——美學——之所以不能闡明藝術的眞相，和藝術在人性中的眞正根源，其主要原因就在把藝術和一般的心靈生活分開，使它成爲一種特殊作用，像貴族的俱樂部。從生理學知道，每一個細胞就是一個有機體，每一個有機體就是一個細胞或細胞群，沒有人覺得稀奇。發見一座高山的化學成分和一塊石片的化學成分相同，也沒有人覺得稀奇。世間並沒有一種大動物的生理學和一種小動物的生理學，也並沒有一種化學原理只適用於石頭而不適用於高山。同樣，世間也沒有一種小直覺的科學和一種大直覺的科學，一般直覺的科學和藝術直覺的科學，彼此截然不同。美學只有一種，就是直覺（或表現的知識）的科學。這種知識就是審美的或藝術的事實。這種美學才眞是邏輯的姊妹科學，邏輯也把最小、最尋常的概念的構成和最繁複的科學哲學系統的構成，都看作性

---

④ 莫里哀（Molière 1622—1673）：法國最偉大的喜劇家。這裏所引的故事見《貴人迷》一部喜劇。劇中主角茹爾丹先生有了錢，想充紳士，請一位哲學教師教他讀書。那位哲學教師告訴他說話就是作散文，他大為驚訝，說自己作了四十年的散文還不知道（見該劇第二幕第四景）。

質相同的事實。

藝術的天才

我們也不承認「天才」或「藝術的天才」一詞。就其與一般人的「非天才」有別而言，它在量的多寡以外不能有其他涵義。大藝術家們據說能使我們看見我們自己。除非他們的想像和我們的想像性質相同，只在量上有分別，這如何可能呢？「詩人是天生的」一句成語應該改爲「人是天生的詩人」；有些人天生成大詩人，有些人天生成小詩人。天才的崇拜和附帶的一些迷信都起於誤認這量的分別爲質的分別。人們忘記天才並不是天上掉下來的，它就是人性本身。天才家如果裝著，或被人認著，和人性遠隔，這就會顯得有些可笑，可笑就是對他的懲罰。浪漫時代的「天才」和我們時代的「超人」都是例證⑤。

但是這裏應該提到一點：有些人把「無意識」⑥看成藝術天才的一個主要的特性，他們

---

⑤「天才」（genius）在浪漫時代的德國特別受人崇拜。人們以為藝術家須有非凡人所可高攀的天才，才能有大成就。克羅齊以為藝術的天才是人人都有的，只是份量多寡不同，一般人的與大藝術家的天才在本質上並沒有分別。

⑥「無意識」（unconscious）是意識所不能察覺到的心理活動。近代心理學家大半都以為「天才」是「無意識」的心理活動的成就，最顯著的是佛洛依德派的學說。

又不免把天才從高到人不可仰攀的地位降低到人不可俯就的地位。直覺的或藝術的天才，像人類的每一種活動總是有意識的，否則它就成爲盲目的機械動作了。藝術的天才只可以沒有「反省的」意識，這反省的意識是歷史家或批評家應有的進一層的意識，它對於藝術的天才卻非必要⑦。

美學中的內容與形式

材料與形式（或內容與形式）的關係，像人們常說的，是美學上一個爭辯最激烈的問題。審美的事實還是只在內容，只在形式，或是同時在內容與形式呢？這問題有各種不同的意義，各人所見不同，我們到適當的時候當分別提出。但是如果認定這些名詞有如上文所定的意義：材料指未經審美作用闡發的情感或印象，形式指心靈的活動和表現，我們就毫不懷疑地說，我們必須排斥這兩種主張：㈠把審美的事實⑧看作只在內容（就是單純的印象），

---

⑦「反省的意識」（reflective consciousness）是就已意識到的事物，加以反省，即由直覺進入邏輯的思考。

⑧「審美的」（aesthetic）一詞起源於希臘文aisthētikos，原意為「感覺」，即見到一種事物而有所知。這種知即克羅齊所謂直覺的知，與邏輯的思考有別。因此研究直覺的知識的科學叫做aesthetic，研究概念的知識的科學叫做logic（邏輯）。aesthetic應譯為「感覺學」，它原來毫沒有「美」的涵義。但是凡是「美」的感覺都由直覺生出，所以一般人把aesthetic和「美學」（the science or philosophy of beauty）混為一事。本譯沿用已流

和㈡把它看作在形式與內容的湊合，就是印象外加表現。在審美的事實中，表現的活動並非外加到印象的事實上面去，而是諸印象借表現的活動得到形式和闡發。諸印象好像是再現於表現品，如同水擺在濾器裏，再現於器的另一端時，雖還是原水，卻已不同。所以審美的事實就是形式，而且只是形式⑨。

從這個看法，並不能斷定內容是多餘的東西（它其實對於表現的事實是必要的起點），只能斷定內容的諸屬性並沒有一種通道可轉變到形式的諸屬性。有時人們以爲內容如果要成爲審美的（這就是說，可轉變爲形式），必須具有某種已確定或可確定的屬性。但是如果是那樣，形式與內容，表現與印象，就須是二而一了。內容確可轉變爲形式，但是在轉變之前，它就還沒有可確定的屬性。我們對於它一無所知。只有在它已經轉變了之後，它才成爲

行的譯名，深知其不妥，所以特將原意注明。又aesthetic也當作形容詞用。這有兩個意義：一是「美學的」，例如美學的原理，美學的觀點，美學的學派之類；一是「審美的」，例如審美的經驗，審美的態度，審美的活動之類。現在一般人常把「美學的」和「審美的」兩個意義混淆起來，例如說音樂是「美學的物件」，所指的實是「審美的對象」。「美學的物件」應該指美學這門科學所研究的物件。

⑨ 形式與內容是文藝思想史上一個大爭執。一般人以為要作品好，先要選擇好內容（即題材）；批評作品的好壞也要從內容著眼。克羅齊和一般哲學家都以為藝術作品是完整的有機體，內容與形式不能分，猶如人的形體和生命不能分。藝術之所以為藝術，就在內容得到形式。未經藝術賦予形式以前，內容只是雜亂的印象，生糙的自然，我們就無從從藝術的觀點去討論它。既經藝術賦予形式之後，內容與形式混化為一個有生命的東西，我們也就無從從藝術的觀點把內容單提出討論。

審美的內容。也有人給審美的內容下定義，說它是「引起興趣的」東西。這話倒不是錯誤而是沒有意義。對什麼引起興趣呢？對表現的活動吧？當然，表現的活動不會把內容提升到有形式那個尊嚴地位，如果它不曾在那內容上發生興趣。發生興趣就恰是把內容提升到有形式那個尊嚴地位。但是「引起興趣」一詞也被人作另一種不正當的意義用過，待下文再說。

評藝術模仿自然說與藝術的幻覺說

藝術是「自然的模仿」一句話也有幾種意義。它有時顯出（或至少暗示）一些眞理，有時也產生一些誤解，大半是根本沒有確定的意義。把「模仿」看作對於自然所得的直覺品或表象，看作認識的一種形式，這個意義在科學上是妥當的。在這句話作如此解時，而且爲著要強調這模仿過程的心靈的性質，另一句話也是妥當的：藝術是自然的理想化，或理想化的模仿。但是模仿自然⑩如果指藝術所給的只是自然事物的機械的翻版，有幾分類似原物的複本；對著這種複本，我們又把自然事物所引起的雜亂的印象重溫一遍，這種藝術模仿自然說就顯然是錯誤的了。模仿實物的著色的蠟像陳列在博物館裏，只能令人站在前面發呆，卻不

⑩「模仿自然」是歐洲美學思想中很古的一個信條，它可以溯源到柏拉圖的《理想國》和亞里斯多德的《詩學》，到了十七、八世紀假古典主義時代，一般學者把「模仿自然」當作一個基本的信條。

能引起審美的直覺。幻覺和錯覺與藝術直覺品的靜穆境界是毫不相干的。但是如果一個藝術家把蠟人館的內部畫出來，或是一個戲劇家在臺上戲作一個蠟像的樣子，我們就有心靈作用和藝術直覺品了。最後，照相術如果有一點藝術的意味，那也就由於它傳出照相師的直覺，他的觀點，他所要抓住的姿態和組合。如果照相術還不很能算是藝術，那也恰由於它裏面的自然成分還有幾分未征服而且不能割開。即便最好的相片是否能叫我們完全滿意呢？一個藝術家不想在它們上面加一點潤色，添一點或減一點嗎？

評藝術為感覺的（非認識的）事實說——審美的形象和感覺

人們常說：藝術不是知識，不說出眞理，不屬於認識⑪的範圍，只屬於感覺⑫的範圍。

---

⑪「認識」（theory）：舊譯一律為「理論」，甚不妥，詳見第二十五頁注⑦。

⑫「感覺」（feeling）：舊譯為「感情」。這字在西文本有「觸摸」的意義，「觸摸所得的知覺」也還是用這個字來表示。在心理學上這字的較確定的意義是指「快」與「痛」的感覺（the feelings of pleasure and pain）。由此引申到溫度感覺（例如說「我感覺冷」），再引申到情感發動時種種生理變化的感覺（例如說「她感覺害羞」，「他感覺恐懼」）。feeling大半指器官變化所生的感覺，這種感覺向來沒有像對外界事物的知覺那麼清楚，所以近於「知覺」（perception）而仍不是「知覺」；可是它比「感受」（sensation）又進一步，「感受」只是「感官領受」，實際上在這階段時我們還沒有「覺」，「感覺」則於「感」時即有明暗程度不同的「覺」。這「感覺」的物件有時有「情」的成分，有時卻不一定有。比如我們可以說有「痛的感覺」，「冷的感

這些話的來由是在不能洞悉單純直覺的認識性。這單純直覺確與理性知識有別，因爲它與對實在界的知覺有別。上述那些話是起於「只有理智的審辨才是知識」一個信念。我們已經說過，直覺也是知識，不雜概念，比所謂對實在界的知覺更單純。所以藝術是知識，是形式，它不屬於感覺範圍，不是心理的素材。許多美學家都堅持藝術是「形象」[13]，理由也恰在他們覺得要把藝術的純粹直覺性保持住，以便使它和較複雜的知覺的事實分清。如果他們有時也主張藝術是感覺，理由也是一樣。因爲如果把概念除開，把只有歷史事實身分的歷史事實也除開，不讓它們留在藝術範圍之內，剩下來的內容就只有從最純粹，最直接的方面（這就是從生機跳動方面，從感覺方面）所察知的那麼一種實在；這就無異於說，就只有純粹的直覺品。

評審美的感官說

審美的感官說[14]所由起，也在沒有確定或認清表現有別於印象，形式有別於內容。

覺」，「身體不適的感覺」，卻不能說有這些生理狀態的「感情」。參看本書第十章。

⑬「形象」（appearance，Schein）：是事物本身現於感官的形狀，得到這形狀由於直覺。

⑭「審美的感官」（aesthetic senses）：舊美學家把感官分為高級的（視覺的與聽覺的）與低級的（其他）兩種，把高級的感官特定為「審美的感官」，以為嗅觸味諸感官不能審美。也有人不贊成這種看法。

上文曾談到有人想找出一條通道，使內容的諸屬性可以轉變爲形式的諸屬性，這個審美的感官說還是犯了同樣錯誤。要問審美的感官是什麼，其實就是問那些由感受來的印象可以而且必定進入審美的表現。這問題我們可以立刻回答：一切印象都可以進入審美的表現，但是沒有哪一個印象必定要如此。但丁⑮所提升到有形式的尊嚴地位的不僅是「東方藍寶石的好顏色」（視覺的印象），而且有觸覺的或溫度覺的印象，例如「稠密的空氣」和使渴者「口更渴」的「清鮮的河流」。又有一種怪論，以爲圖畫只能產生視覺印象。腮上的暈，少年人體膚的溫暖，利刃的鋒，果子的新鮮香甜，這些不也是可以從圖畫中得到的印象麼？它們是視覺的印象麼？假想一個人沒有聽觸香味諸感官，只有視覺感官，圖畫對於他的意味何如呢？我們所看的而且相信只用眼睛看的那幅畫，在他的眼光中，就不過像畫家的塗過顏料的調色板了。

有些人雖主張某幾類印象（例如視覺的和聽覺的）才有審美性，其他感官的印象卻沒有；然而也願承認視覺的和聽覺的印象直接地進入審美的事實，而其他感官的印象雖也可進入審美的事實，卻只以相關聯者的資格進入。但是這種區分實在太勉強。審美的表現是綜合，其中不能分別什麼直接和間接的。一切印象，就其同經審美作用而言，就讓這種綜合擺在平等地位了。一個人領會一幅畫或一首詩的題材，並不把它當作一串印象擺在面前，而在

⑮ 但丁（Dante Alighieri 1265—1321）：義大利偉大詩人，著有《神曲》。

其中分出上下。在領會之前，所有的經過他毫無所知，正如在另一方面，反省所立的分別與藝術之爲藝術也毫不相干。

審美的感官說還以另一姿態出現：就是要證明生理的器官對審美的事實爲必要。生理的器官或工具不過是一群細胞，取一種特殊方式組織安排起來的，這就是說，它只是一個物理的、自然的事實或概念。但是表現卻與生理的事實無關。表現以印象爲起點，至於印象經過怎樣的生理的途徑達到心裏，卻與表現毫不相干。隨便哪一條途徑都是一樣，它們只要是印象就夠了。

缺乏某一些器官，某一些細胞群，確能妨礙某一些印象的形成（如果沒有一種有機體的彌補作用使這些印象仍可產生）。生來盲目的人不能直覺光，表現光。但是印象不僅受器官限定，也受在器官上起作用的刺激物限定。一個人從來沒有海的印象，就不能表現海；正猶如一個人從來沒有上等社會生活或政治漩渦的印象，也就不能表現它們。不過這並不能證明表現的作用必定倚賴刺激物或器官。它只複述我們已經知道的道理：表現須假定先有印象，特種的表現須假定先有特種的印象。此外，每一個印象在占優勢時，就排斥其他印象，每一個表現品也是如此。

藝術作品的整一性與不可分性

表現即心靈的活動這個看法還有一個附帶的結論，就是藝術作品的不可分性。每個表現品都是一個整一的表現品。心靈的活動就是融化雜多印象於一個有機整體的那種作用。這道理是人們常想說出的，例如「藝術作品須有整一性」，「藝術須寓變化於整一」（意思仍然相同）之類肯定語。表現即綜合雜多為整一。

我們常把一個藝術作品分為各部分，一首詩分為景、事、喻、句等，一幅畫分為單獨的形體與實物、背景、前景等；這似與上文所說的不相容。但是作這種區分就是毀壞作品，猶如分有機體為心、腦、神經、筋肉等等，就把有生命的東西弄成死屍。有些有機體分割開來固然仍可生出許多其他有生命的東西，可是在這種事例中，我們如果仍把有機體來比喻藝術作品，就必須作這樣的結論：在藝術作品中也有許多生命種子，其中每一個都可以在一頃刻中化成一個單一而完整的表現品。

某表現品有時也許可以說是起於一些其他表現品。表現品有簡單的，有複雜的。阿基米德⑯。表現他在發明一個科學眞理時的歡欣所用的「我懂得了！」這一句簡單的話，比起一部正規悲劇的最有表現性的一幕（實在說起來，所有的五幕）有一點分別，我們似應承認。其實它們毫無分別。表現品總是直接地起於印象，構思一部悲劇者好像取大量的印象放在熔

⑯ 阿基米德（Archimedes）：西元前三世紀希臘的大數學家和自然科學家。

爐裏，把從前所構思成的諸表現品和新起的諸表現品熔成一片，正猶如我們把無形式的銅塊和最精彩的小銅像同丟在熔爐裏一樣。那些最精彩的小銅像和銅塊一樣被熔化，然後才能鑄成一座新雕像。舊的表現品必須再降到印象的地位，才能綜合在一個新的、單一的表現品裏面。

藝術作為解放者

人在他的印象上面加工，他就把自己從那些印象中解放了出來。把它們外射爲物件，人就把它們從自己裏面移出來，使自己變成它們的主體。說藝術有解放的和淨化的作用，也就等於說「藝術的特性爲心靈的活動」。活動是解放者，正因爲它征服了被動性。

這也可以說明人們何以通常說藝術家們一方面有最高度的敏感或熱情，一方面又有最高度的冷靜，或奧林匹亞神的靜穆⑰。這兩種性格本可並行不悖，因爲它們所指的物件不同：敏感或熱情是指藝術家融會到他心靈機構裏去的豐富的素材，冷靜或靜穆是指藝術家控制和征服感覺與熱情的騷動所用的形式。

---

⑰「奧林匹亞神的靜穆」（Olympic serenity）：據希臘神話，文藝之神阿波羅（Apollo）居奧林匹斯山的高峰，憑視人寰，一切事物經過他的巨眼的光輝，才得到形象，他對於悲歡美醜，一例觀照，無動於衷。有人以為古典派的文藝理想就是這種「靜穆」。

第三章　藝術與哲學

理性的知識不能離直覺的知識

審美的與理性的（或概念的）兩種知識形式固然不同，卻並不能完全分離脫節，像兩種力異向牽引那樣。我們雖已說明審美的知識完全不倚靠理性的知識，卻並沒有說理性的知識可脫離審美的知識而獨立。如果認爲這種獨立是雙方面的，那便不正確。

概念的知識是什麼呢？它是諸事物中關係的知識，而事物就是直覺品。概念不能離直覺品，正猶如直覺自身不能沒有印象爲材料。直覺品是：這條河，這個湖，這小溪，這陣雨，這杯水；概念是水，不是這水那水的個例，而是一般的水，不管它在何時何地出現；它不是無數直覺品的材料，而是一個單一常住的概念的材料①。

但是概念在一方面雖不復是直覺，在另一方面卻仍是直覺，而且不能不爲直覺。人在思想時，只就他在思想一事實來說，有各種印象和情緒。他的印象和情緒不是一個身非哲學家的人所有的，不是對於某物某人的愛或恨，而是他的思想本身的奮發振作，以及連帶的艱苦和歡欣，愛和恨。這種奮發振作在成爲心靈的觀照對象時，不能不取直覺的形式。說話不一

---

① 這就是哲學上「個例」與「公性」，佛典中「自相」（殊相）與「共相」的分別；孟子所說的「白馬之白無以異於白玉之白」也是指這個分別。這匹馬或這塊玉的白色，在一時一地眼可見到的白色，是個例或自相，它由感受起印象，生知覺。一切白馬及白玉的白，與一切白色物的白，在白之所以為白上相同，是公性或共相，它是由理智分析與綜合所得的概念，可適用於任何時、任何地、任何白色物的普遍屬性。

定就是依邏輯去思想，而依邏輯去思想卻同時還是說話。

評對本說的反駁

思想不能離語言而存在，這是公認的眞理。凡是反駁本說的話都起於一些混淆與錯誤。比如有人說：人們也用幾何的圖形，代數的數位，寫意的符號去思想，不用一個字，縱然是默念的連自己都不很覺得的字都不用，有些語文的文字音符並不表示什麼，只是寫下來的符號才有所表示。如此等類的話就是犯了混淆。我們在用「說話」的字眼時，本是用推喻義，就是指一般的「表現」，我們已經說明表現並不限於文字的。說有些概念可以不用發字音去想，這話也許對，也許不對。但這話的例證也可以證明那些概念從來不能離表現而存在。

另外有些人指出，動物或一部分動物運思推理，用不著說話。動物是否想，如何想，想什麼，它們是否是雛形的人，如未開化的野蠻人一般，而不是一些生理的機械（像古時心靈主義者所想的），這一類問題在這裏與我們不相干。哲學家談到動物的、獸性的、衝動的、本能的性格之類時，他並不根據對於狗或貓，獅或蟻的揣測，而是根據對人類自己的叫做動物的和獸性的方面的觀察，即我們人類在自身所感覺到的動物面或動物層的東西。如果個別的動物，貓或狗，獅或蟻，也具有一點人類的心靈活動，那對於它們是好是壞，我們不知道。這就是說，提到它們，我們應該不談「天性」的全體，而只談其中的動物層，這動物層的天性在動物比在人類或許較廣大、較強烈些。如果我們假設動物能用思想，能形成概念，我們憑什麼揣測，說它們作這些活動不用相應的表現語文呢？和人類的比較，心靈方面的知識，人類心理學——這是我們對於動物心理學的一切揣測的依據——都使我們不得不作相反的假設：如果動物以任何方式去思想，它們也多少要說話（運用語文）。

另一個反駁是從人類心理學（實在是文藝心理學）來的，據說概念可離文字而存在，因爲我們確實知道有一些書想得好而寫得壞。這就是說，有些思想存於表現之外，或是儘管表現的語文不佳而思想仍存在。但是我們說某些書想得好而寫得壞，只能指在這些書裏有某些部分、某頁、某段或某句想得好而寫得也好，其他部分（也許是最不重要的）卻想得壞而寫得也壞，沒有眞正想好，所以也就沒有眞正表現出來。拿維柯[②]的《新科學》一書來說，眞正寫得壞的地方也就根本沒有想得好。如果放開大部頭著作不談，且專看一個短句，我們就可馬上見出這種反駁是錯誤的。一個單句如何能想得清楚而寫得含糊呢？

我們只能承認：我們的思想（概念）有時是具直覺形式的，而這種直覺形式是一種簡化的或特殊的語文表現，對於我們自己是夠清楚的，但是傳達給別人就還不夠清楚。說我們能

---

② 維柯（Giovanni Battista Vico 1668—1744）：十八世紀義大利哲學家，克羅齊最為推崇，自認他的思想淵源於維柯。《新科學》（Seienza Nuova）就是討論美學與哲學問題的一部名著。

離語文表現而有思想，那是錯的，我們應該說：我們實在有語文表現，不過它所取的形式是不易傳達於別人的一種。這也只是一個有程度差別的相對的事實。世間常有些人能抓住飄忽的思想，寧願讓它留在這種簡化的形式裏，別人所需要的較詳明的闡發反而使他們厭倦③。這就是說，那思想如果抽象地、邏輯地去看總是一樣的；不過從審美的方面說，我們所討論的是兩種不同的直覺表現品，每種裏面各有不同的心理的原素。這個道理可以打消——其實也就是正確地解釋——內蘊語言與外觀語言的僅僅來自經驗的分別。

藝術與科學

直覺知識與理性知識的最崇高的煥發，光輝遠照的最高峰，像我們所知道的，叫做藝術與科學。因此藝術與科學既不同而又互相關聯；它們在審美的方面交會。每個科學作品同時也是藝術作品。人心在集中力量要了解科學家的思想，衡量它的眞理時，也許很少注意到審美的那一方面。但是如果我們由理解的活動轉到觀照的活動，就會看到那思想不外兩種：不是明晰、精確、完美地在我們面前展開，沒有太過或不及的字句，而有恰當的節奏和音調，就是含糊零亂、沒有把握、帶嘗試性的；在這時候我們就會注意到科學思想的審美的方面

③ 近代象徵派詩人是最好的例。中國魏晉人玄談，也往往以簡雋見高遠。

了。大思想家有時也叫做大作家，而其他同樣大的思想家卻只有幾分是零星片段的作家，儘管他們的零星片段的著作比起諧和連貫而完美的著作，在科學上的價值是相同的。

內容與形式的另一意義：散文與詩

思想家和科學家們在文學方面的平庸是可以容忍的。他們的零星片段，他們的突然的閃耀，可以彌補全體的缺陷，因爲用「以一反三」的辦法，就像在火星中看出火焰一樣，很容易在天才的片段著作中找出安排停勻的布局，而發見天才卻比這難得多。但是在純粹的藝術家們的作品中，平庸的表現是不可以容忍的。「詩人的平庸不但是人神共嫉，連書賈也不能容。」④

詩人或畫家缺乏了形式，就缺乏了一切，因爲他缺乏了他自己。詩的素材可以存在於一切人的心靈，只有表現，這就是說，只有形式，才使詩人成其爲詩人。這也足見否認藝術只在內容，是正確的，內容在這裏就指理智的概念。在把內容看成等於概念時，藝術不但不在內容，而且根本沒有內容。這是毫無疑問的眞理。

詩與散文的分別也不能成立，除非把它看成藝術與科學的分別。古人早已看出這分別不

④ 引拉丁詩人賀拉斯的《詩藝》中的話。

能在節奏、聲調、有韻無韻之類[5]外表的成分；它是內心方面的分別。詩是情感的語言，散文是理智的語言；但是理智就其有具體性與實在性而言，仍是情感，所以一切散文都有它的詩的方面。

第一度與第二度的關係

直覺的知識（表現品）與理性的知識（概念），藝術與科學，詩與散文諸項的關係，最好說是雙度的關係[6]。第一度是表現，第二度是概念。第一度可離第二度而獨立，第二度卻不能離第一度而獨立。詩可離散文，散文卻不能離詩。人類活動的最初的實現就在表現。詩是「人類的母傳語言」[7]，原始人「生來就是雄偉的詩人」。換句話說，由動物的感受到人的活動，由物欲之心到人理之心的轉進，要歸功於語言，這就是要歸功於一般直覺品或表現品。不過如果把語言或表現品看成自然與人道的中間連鎖，看成好像是自然與人道的混合，那也是不正確的。人道出現了，自然就退了位，人在表現他自己時，確是從自然狀態的深淵

---

⑤ 亞里斯多德在《詩學》裏就已說明詩與散文的分別不在音律形式方面。

⑥ 「雙度」（double degree）：克羅齊把知的心靈活動依出現的先後次第分為第一度（first degree），即直覺，和由此進一步的第二度（second degree）即概念。直覺可以離概念，概念卻必先經過直覺。

⑦ 「母傳語言」（mother tongue）意為生下來就從母親學得的語言，普通叫做「國語」。

裏湧現出來，但是既已湧現出來，就不是半在水底，半在水面，像「中間連鎖」一詞所暗示的。

知識沒有其他形式

在上述兩種之外，認識的心靈活動⑧沒有其他形式。表現與概念兩項就結清了它的帳目。人的全部認識生活就在表現與概念這雙度活動中翻來覆去。

歷史——它與藝術的同異

認歷史爲第三種認識的形式，是不正確的；歷史不是形式，只是內容：就其爲形式而言，它只是直覺品或審美的事實。歷史不推尋法則，也不形成概念；它不用歸納，也不用演繹，它只管敘述，不管推證；它不建立一些共相和抽象品，只安排一些直覺品。「這個」和「這裏」，全然有確定性的個體，才是歷史的領域，正如它是藝術的領域。所以歷史是包涵

⑧「認識的心靈」（cognitive spirit）：克羅齊所用的lo spirito，英譯即用spirit，中譯通常為「精神」。這個字與德文的Geist相同，與英文mind相當，應譯為「心」或「心靈」。spirit源於拉丁，本意為「呼吸」。古人迷信人的神魂就是呼吸的氣，人死了，氣斷了，神魂就隨之飛散，因此spirit又有「神魂」的意思。

在藝術那個普遍概念裏面的。

第三種認識的形式既不可思議，於是人們對我們的主張又提出另一些反駁，以爲歷史應附庸於理性的或科學的知識。這些話大半起於一種偏見，以爲否認歷史有概念的科學的特性，就不免減低了歷史的價值和尊嚴。這實在由於誤解藝術，以爲它不是一種重要的認識作用，而只是一種娛樂，一種多餘的而且輕薄的東西。我們不想再提這個老辯論，我們認爲它已告終結了，而只提一下人所常說的一個戲論⑨，說歷史仍有邏輯性和科學性。它的要旨在承認歷史的知識以個別事物爲物件，但是補充一句，說這並不是個別事物的表象而是它的概念。從此，它就推論到歷史也是邏輯的、科學的知識。它認爲歷史要尋出像查理大帝或拿破崙那樣一個人物，像文藝復興或宗教改革那樣一個時代，像法國革命或義大利統一那樣一件事變的概念。這種工作據說就像幾何學要尋出空間形狀的概念，美學要尋出表現的概念一樣。這些話全是錯誤的。歷史只能把拿破崙和查理大帝，文藝復興和宗教改革，法國革命和義大利統一，當作具有個別面貌的個別事物再現出來：這就是取邏輯學者在說我們對於個別事物不能有概念只能有表象（再現於心理的形象）的時候所用「再現」⑩一詞的意義。所謂個別事物的概念總不免是一個共相或普遍概念，儘管充滿著特性，充滿著極豐富的特性，但

⑨「戲論」（sophism）：意為故作離奇的議論，用佛典中「戲論」一詞來譯很妥。戲論是不正確的推理結果。

⑩「再現」（represent）：參見本書第一六四頁注①，再現所得的為表象。

是仍不能具有只有歷史知識在同時是審美知識時才有的那種個別性。

要表示歷史的內容與狹義的藝術的內容如何分別，我們須重提關於直覺（即第一度知覺）的意象性[11]所說過的話：在直覺裏一切都是實在的，所以沒有一件事物是實在的。只是到較後的階段，心靈才分出外表的與內在的，所希望的與所想像的，主體與客體（物件）之類的概念[12]。只有在這較後的階段，心靈才分辨歷史的與非歷史的直覺品，眞實的與非眞實的，有眞實根據的想像與純粹的想像。就連內心的，希望的與想像的東西如空中樓閣，意境河山，也都有它們的眞實性，而心靈也有它的歷史。每個人的幻覺也作爲眞實的事實而組成他的生命史的一部分[13]。但是個人的歷史之所以爲歷史，則由於它裏面常起眞實的與非眞實的分別，儘管他的幻覺本身也還是眞實的。但是這些有分辨性的概念出現在歷史裏面，卻不像科學裏面的概念，而是像我們說過的那些分解熔化於審美的直覺品裏面的那些概念，雖然

---

⑪「意象性」（ideal nature）：ideal源於希臘文，意指心眼所見的形象（form），一件事物印入腦裏，心知其有如何形象，對於那事物就有一個idea，所以這字與「意象」的（image）意極相近。形容詞是ideal。藝術的特性也是ideal，因為它所給的是具體的形象。

⑫「物件與主體」（object and subject）：我們所知所想所應付的事物是「知」「想」「應付」這些活動的「物件」，作這些活動的主人叫做「主體」，在文法上這分別通常叫做「賓詞」與「主詞」。這兩字的形容詞通常譯為「客觀的」與「主觀的」。

⑬凡是發生過的都是實在的，幻想還是在心裏發生過的事實，所以有它的實在性：歷史記錄已發生的事實，所以一個人的生命史也要包含他的幻想在內。

它們在歷史中自有一種特殊模樣。歷史並不建立眞實與非眞實的概念，只是利用它們。歷史並非歷史的理論。光是概念式的分析並無補於確定我們的生命史中某一事件是眞實的還是想像的。我們必須把諸直覺品在心中加以再現，如同它們原來初現時那樣完整。從具體方面說，歷史之有別於純粹的幻想，正如一個直覺品之有別於任何另一直覺品⑭，就在於歷史是根據記憶的。

歷史的批評

如果用記憶不能分別歷史與純粹的幻想，如果眞實與非眞實的兩類直覺品的微妙、隱約的分別不易捉摸以至相混，我們就只有兩個辦法可選擇：或是至少暫時承認不知道事實經過的眞相（我們常這樣辦），或是揣測其近似與或然。近似與或然兩原則其實支配了一切歷史的批評。探討來源與所據權威，用意在建立最可信的證據。除掉最優越的觀察者，這就是說，除掉記得最清楚，不想淆亂是非，而也沒有利害打算需要淆亂是非（這是須默認的）的那一些人，還有什麼最可信的證據呢？

⑭ 克羅齊的歷史哲學在他的《歷史學》裏說得比較詳明，宜參看。這裏所說的只是粗枝大葉。

歷史的懷疑主義

因此，理智主義者的懷疑主義很容易否認任何歷史的確實性，因爲歷史的確實性和科學的確實性不同。它是根據記憶和權威的確實，而不是根據分析與推證的確實。說起歷史的歸納或推證，那只是用這兩詞的譬喻義；在歷史裏用這兩詞，和在科學裏用它們並不相同。歷史家和陪審官一樣，他的信心是不能用推論證明的，他審詢了證人。細心聽了雙方口供，禱告了上帝給他靈感。無疑的他有時不免錯誤，但是抓住實情時多，錯誤時極少。因爲這個道理，正確的不是理智主義者而是一般具有常識的人。具有常識的人都信任歷史，不把它當作「大家同意的虛構的故事」，而當作個人與全人類對於他們的過去所記憶的東西。我們儘量擴充這記錄，而且使它盡可能地精確，它在某些地方是渺茫的，在另一些地方卻是很明確的。就是這樣的歷史，我們不能沒有它；而且就大體說，它也很富於眞理。一個人只能在故作怪論的心情之下，才會懷疑到世間曾經有過一個希臘、一個羅馬、一個亞歷山大、一個凱撒、一個被一系列革命推翻的封建制度歐洲；才會懷疑到一五一七年十一月一日路德的條文貼在威登堡的教堂門上，或是一七八九年七月十四日巴黎人奪取了巴士底獄。

「對於這一切，你有什麼憑證呢？」詭辯者帶譏諷的口氣問。人類回答道：「我記得它。」

哲學為完善的科學，所謂自然科學和它們的侷限性

曾經發生過的具體的史實的世界就是叫做實在的自然的世界，這定義把叫作物理的實在界和叫作心靈的人的實在界都包括無遺了。世界全是直覺品，其中可證明爲實際存在的，就是歷史的直覺品；只是作爲可能的，或想像的東西出現的，就是狹義的藝術的直覺品。

科學，眞正的科學，不是直覺品而是概念，不是殊相而是共相，它只能是心靈的科學，即是研究實在界具有如何共相的科學：那就是哲學⑮。如果離開哲學來談自然科學，我們就要說自然科學不是完善的科學，而只是一些知識的雜湊，勉強抽象而凝定的。所謂自然科學自己也承認有種種侷限性，而這些侷限性就不外是它們要根據歷史的和直覺的資料。自然科學計算、測量，確定相同點和一致性，創立類和類型，抽繹法則，用它們的那套辦法說明一個事實如何起於其他事實：但是在做這種工作時，它們不斷地碰上一些直覺地歷史地知覺到

⑮ 哲學與科學許多人以為是對立的，其實一切運用理智作分析、綜合、推理以求真理（概念、原則）的活動都可以叫做「哲學」，也都可以叫做「科學」。「知」有許多種類，每一類的「知」是一科學問，所以有「科學」的名稱。依克羅齊看，只有哲學才是真正的完善的科學，因為它所用的完全是邏輯的推理，所研究的完全是萬事萬物的共相，所得到的完全是可推證的原理大法（概念）。所謂「自然科學」只是經驗科學，還要靠由感官得來的個別事物的知覺，還要假設一些概念如「原子」、「能力」之類，這些概念本身尚待證明，由它們推斷出來的結論當然也還是尚待證明的。

的事實。連幾何學現在也說它自己完全站在假設上面，因為三度空間或歐幾里得空間⑯只是許多可能的空間之一，為方便計而選出來研究的。自然科學中的眞理不是哲學，就是史實。它們所含的眞正可稱為「自然」的那一部分只是抽象的和牽強的。自然科學如果想變成完善的科學，它們必須跳出自己的圈套而進入哲學。自然科學在設立沒有任何「自然」色彩的概念，例如沒有體積的原子、乙太或震動、生力、不由直覺得來的空間之類的概念時，它們就已進入哲學了。這些如果不是一些無意義的字，就是探求哲學的眞正嘗試。自然科學的概念固然也很有用，但是我們不能從這些概念得到只屬於心靈的那一個學理體系。

還不僅此，自然科學不能取消這些歷史的和直覺的資料，這一事實不僅可以說明當知識增進時，從前所信以為眞的東西何以逐漸降為神話的信仰和虛幻的錯覺，還可以說明在自然科學中，何以有些人把他們的科學中一切思考的根據都叫做「神話的事實」、「文字的方便」、「約定俗成的東西」。自然科學家和數學家們如果沒有準備，就來研究各種心靈的能力，常不免把他們的心理習慣帶進來，在哲學中也談這個那個約定俗成的東西為「人所制定的」。他們把眞理和道德，把心靈本身，都看成「約定俗成的東西」！但是有約定俗成的東西，就應有不是約定俗成的東西，作為約定俗成的東西的造作者。這就是人的心靈的活動。自然科學的侷限性要假定哲學的無侷限性。

⑯ 歐幾里得（Euclid），西元前三世紀希臘數學家，對於物理學多所貢獻。

現象與本體

這些說明已經確立了純粹的或基本的知識形式有兩種：直覺與概念——藝術與科學或哲學。歷史介乎二者之間，它好像是擺在概念一起的直覺的產品：即一方面把一些哲學的分別接受過來，一方面仍是具體的和個別的藝術產品。一切其他形式的知識（自然科學與數學）都不純粹，因為夾雜有起於實踐的外來的成分。直覺給我們的是這世界，是現象；概念給我們的是本體，是心靈⑰。

⑰　現象與本體：這兩個名詞對不同的哲學派別就有不同的意義。比如說，康德以為我們所知道的都是現象，而現象後面的本體，我們卻無法知道。依克羅齊，用直覺知道的是現象，用推理知道的是本體。

第四章　美學中的歷史主義與理智主義

既已確定了直覺的或審美的知識與其他形式（基原的或派生的）知識的關係，我們現在就可以指出已經或仍在以美學理論的資格出現的一些學說的錯誤。

評合理說與自然主義

把藝術的普通要求與歷史的特殊要求混淆起來，就產生了藝術以「合理」①爲目的這一學說（這學說現已失勢，從前曾盛行）。像錯誤的前提常有的情形一樣，採用「合理」這個概念的人們的本來用意，無疑的比他們所下的定義爲妥。「合理」通常指表象的藝術連貫性，這就是它的完整、有爲、活靈活現。如果拿「連貫的」來換「合理的」，用這詞的批評家們的討論、例證和判斷就會見出很正當的意義。一個不合理的人物，不合理的喜劇收場其實只是寫得壞的人物，布置得壞的收場，沒有藝術動機的一些情節。有人說得很對，連神仙鬼怪也要合理才好，它們必須眞的是神仙鬼怪，必須是連貫的藝術的直覺品。有時拿來代替「合理的」字樣的是「可能的」。我們已經約略說過，「可能的」是和「可想像的」或「可

①「合理」（probability）：這詞源於拉丁，與「證明」（prove）一詞同根，凡是不能說必定而卻可以理證其為當然的都是probable。在文藝方面，人物故事儘管是虛構，儘管有時涉及神仙鬼怪，妄誕不經，而人物仍須符合所要寫的性格，故事仍要首尾連貫，沒有自相矛盾處，這就是「合理的」。「合理的」就是「當然的」。

直覺的」同義。一切眞正連貫地想像出來的東西都是可能的。但是也有許多批評家和理論家把「可能的」當作「於史可信的」，或是不可推證而可揣測的，不是眞實的而是合理的那樣一種歷史的眞實。這些理論家認爲藝術的性格就是如此。誰不會想起根據合理說的批評在文學史上占過多麼大的地位呢？比如說，根據十字軍東征史來指責《被解放的耶路撒冷》②，或是根據當時當然有的習俗來指責荷馬史詩③。

有時人們主張藝術須爲歷史上存在過的自然事實的翻版。這是模仿自然說的另一個錯誤的方式。逼眞主義與自然主義還有一點也是混淆審美的事實與自然科學的程式的，就是想做成一種「實驗的」戲劇或小說。

評藝術須有觀念議論及典型諸說

更常見的是混淆藝術的方法與哲學的科學的方法。比如人們常主張藝術的任務在闡明概念，融合理性的與感性的，使觀念或共相成爲表象；這是把藝術擺在科學的地位，把一般的

---

② 《被解放的耶路撒冷》（Jerusalem Delivered）：義大利十六世紀大詩人塔索（Tasso 1544—1595）的著名史詩，敘述十字軍解放基督教聖地的故事。

③ 荷馬史詩指《伊里亞德》和《奧德賽》兩部史詩。前詩敘述希臘大軍渡海到小亞細亞圍攻特洛伊要奪回海倫的十年戰爭，後詩敘述希臘一位將領奧德修斯在戰後航行十年回國的經過。

藝術與半邏輯性、半審美性的藝術混淆起來。

另一學說以爲藝術是維護某些論點的，以個別表象例證科學的定律。這也可用同樣方法證明是錯誤的。例證就其爲例證而言，代表所例證的東西，因此它是共相的闡明，也就是科學的一種形式，不過多少經過通俗化。

關於「典型」④的美學理論也是如此，如果典型是指——它本來常指——抽象的概念，而這理論主張藝術應使總類在個體中顯現出來。如果這裏「個體」就是「典型」，那只是文字上的同事異名。典型化在這種情形之下應即指個性化，就是使個體得到定性和表象。唐吉訶德⑤是一個典型；但是他是什麼的典型呢？除非一切像他的那些人物的典型？他絕不是一些抽象概念的典型，例如現實感覺的迷失，或是對於榮譽的羨慕。無數人物都可納於這些概念中，而卻不是唐吉訶德類的人物。換句話說，在一個詩人的表現品中（例如詩中的人物），我們看到自己的一些印象完全得到定性和實現。我們說那種表現品是典型的，我們的意思就無異於說它是藝術的。有時人們提起「詩的或藝術的共相」，那只顯示藝術品完全是

---

④「典型」（type）：從個例可見共相的人物。例如莎士比亞的夏洛克，巴爾札克的葛朗台雖都是個別的角色，可以見出一切守財奴的特點，就是守財奴的「典型」。

⑤唐吉訶德（Don Quixote）是西班牙大作家賽凡提斯（Cervantes 1547—1616）的名著，也是近代歐洲的第一部長篇小說。書中主人翁唐吉訶德醉心於浪漫的騎士風，帶了一個現實主義的僕人桑丘到處尋求奇遇，鬧了很多笑話。它的主旨是譏嘲封建時代浪漫的騎士風。

心靈的和形象的。

評象徵與寓言

繼續糾正錯誤，或排去誤解，我們也要提到象徵⑥有時被認爲藝術的精華。如果認爲象徵與藝術的表現不可分離，象徵就與表現本身同義，表現總離不了形象性。藝術並沒有兩重基礎，只有一個基礎，在藝術中一切都是象徵的，因爲一切都是形象的。但是如承認象徵可分離獨立，一方面是象徵，一方面是所象徵的東西，我們又回到理智主義的錯誤了；所謂象徵是一個抽象概念的闡明，一個「寓言」⑦；那是科學，或是藝術模仿科學。但是我們對寓言也要公允。它有時是絕無妨害的。有了《被解放的耶路撒冷》，其中寓言是後來想像出來的；有了馬里諾的《安東尼斯》⑧，後來那位淫蕩派詩人才說那首詩原意在說明「過渡的淫逸以痛苦終場」；有了一座美人的雕像，雕刻家可以在上面貼一個標籤，說它代表「仁慈」或「善」。這種寓言在事後附加到作品上去，並不改變那藝術作品本身。它究竟是什麼呢？

---

⑥「象徵」（symbol），一件實物可代表或暗示一個抽象概念。叫做「象徵」。

⑦「寓言」（allegory）：一個故事後面帶有一種倫理、政治、宗教或哲學的意義，叫做「寓言」。

⑧馬里諾（Marino 1569—1625）：義大利詩人，寫過一首長詩《安東尼斯》（Adone），以浮華俗豔著名。

它只是一個表現品從外面附加於另一表現品，一小頁散文加到《被解放的耶路撒冷》上面，表現詩人的另一個意思；一句或一章加到《安東尼斯》上面，表現詩人想要他的一部分讀者相信的東西；對於那雕像，那只是加上一兩個字：「仁慈」或「善」。

評藝術的和文學的種類說

理智主義者的最大錯誤在藝術的和文學的種類說，這在文學論著中仍然風行，使批評家和藝術史家們都迷惑了。我們且來窮究它的起源。

人的心靈能從審美的轉進到邏輯的，正因為審美的是邏輯的初步。心靈想到了共相，就破壞了表現，因為表現是對於殊相的思想。心靈可以把一些表現的事實集合在一起，見出邏輯的關係。我們已經說過，這作用也可以借表現而變為具體的，但是這並非說，原有的那些表現品不曾破壞，不曾讓位給新起的審美與邏輯混合的表現品。我們踏上了第二階段，就已離開第一階段了。

一個人走進一個畫館，或是讀一類詩篇，看了讀了，還可以進一步找出那裏所表現的那些事物的性質和關係。因此，那些畫和詩雖各是個別形象，不能用邏輯的術語來說，卻漸漸分解成為一些共相和抽象品；例如「服裝」、「風景」、「畫像」、「家庭生活」、「戰事」、「動物」、「花卉」、「果實」、「海棠」、「湖」、「沙漠」、「悲劇的」、「喜劇的」、「起憐憫的」、「殘酷的」、「抒情的」、「史詩的」、「戲劇的」、「騎士風的」、「田園的」之類。它們又往往化成一些以量分的種類，例如「小像」、「小雕像」、「一群人物」、「短章情詩」、「民歌」、「十四行詩」、「十四行詩組」、「詩」、「詩篇」、「故事」、「傳奇」之類⑨。

我們既在想到「家庭生活」、「騎士風」、「田園」，或「殘酷」之類概念，或是想到上述某一個量的概念時，我們就已丟開在出發時所依據的個別的表現事實了。我們原是審美者，現在卻變成邏輯學者；原是表現品的觀照者，現在卻變成推理者。這種轉變當然無可反對。有什麼其他方法能使科學起來呢？科學雖先假定有審美的表現品爲基礎，卻必須超過這些表現品，才能完成它的功能。邏輯的或科學的形式，就其爲邏輯的或科學的而言，必排斥去審美的形式。一個人開始作科學的思考，就已不復作審美的觀照；雖然他的思考也終必取一個審美的形式，如前所述，無須再說。

錯誤起於我們想從概念中抽繹表現品出來，從代表者之中找出所代表事物的法則；沒有認清第一階段和第二階段的分別，因而實已站在第二階段而自以爲仍在第一階段。「藝術與文學的種類說」就是犯了這個錯誤。

---

⑨ 種類（kinds、genres）的觀念在各國都很盛行，例如中國詩分古、律、絕、四言、五言、七言、雜言、樂府、歌行、宴享、遊歷、酬贈之類。這種分類其實只是一種實用上的方便，往往沒有邏輯的根據。

如果把一些附加的東西除開，把文藝的種類說化成一個簡單的公式，它所提出的就是這樣一個荒謬的問題：「家庭生活、騎士風、田園、殘酷之類的審美的形式是什麼呢？這些內容應如何成爲表象呢？」凡是尋求種類的法則或規律，都要歸結於這個公式。家庭生活、騎士風、田園、殘酷之類，並非一些印象而是一些概念。它們並非內容，而是邏輯、審美混合的形式。形式是不能表現的，因爲形式本身就已是表現。殘酷、田園、騎士風、家庭生活之類名詞是什麼呢，除非是這些概念的表現？

這些區分之中最精微而最有哲學面貌的也經不起批評；例如把藝術作品分爲主觀的與客觀的兩種，分爲史詩的與抒情詩的，分爲表現感覺的作品與裝飾的作品。在美學的分析中，要把主觀的與客觀的，抒情的與史詩的，感覺的形象與事物的形象分開，都是不可能的。

判斷藝術時由種類說所生的錯誤

藝術的和文學的種類說產生了一些錯誤的判斷和批評，因此碰見一個藝術作品，不問它是否有表現性，不問它表現什麼，也不問它是否把話說好，還是口吃，還是完全啞口無聲，而只問它是否遵照史詩或悲劇的規律，歷史畫或風景畫的規律。藝術家們儘管在口頭上假裝同意，或表示不由衷的服從，其實都把這些種類的規律拋到腦後。每一個眞正的藝術作品都破壞了某一種已成的種類，推翻了批評家們的觀念，批評家們於是不得不把那些種類加以擴充，以至到最後連那擴充的種類還是太窄，由於新的藝術作品出現，不免又有新的笑話，新的推翻和新的擴充跟著來。

還有一些偏見也是從這種類說生出來的。有一個時代（這是否眞正過去了呢？）人們由於這些偏見，常惋惜義大利沒有悲劇（一直到一位作者[10]崛起，在義大利的光榮的頭上加上它的裝飾中的唯一缺乏的花圈），法國沒有史詩（一直到《亨利亞德》[11]出現，潤了一潤批評家們的渴喉）。對新種類的創始者的讚揚也與這些偏見有關，以至於在十七世紀「仿英雄體」[12]的創始像是一件大事，它的榮譽還被人爭來奪去，好比美洲的發現。但是戴著這個頭銜的一些作品（例如《桶的強奪》和《神的侮慢》[13]）生下地就是死的，因爲它們的作者（稍微差一點事）並沒有什麼新的或獨創的東西可說。一班庸人絞腦漿要去勉強創出新種

---

⑩ 義大利的悲劇作者指阿爾菲耶里（Vittorio Alfieri 1749—1803），他作了十九部悲劇，大半屬古典型。

⑪ 《亨利亞德》（Henriade）：十八世紀法國文豪伏爾泰（Voltaire）的長詩，讚揚法皇亨利第四的功績。

⑫ 「仿英雄體」（mock heroic）：史詩大半用「英雄體」（heroic verse）。在希臘拉丁為每行六音節，在英文為無韻五音節格。史詩之稱英雄詩，因為敘述的是英雄故事。假古典主義時代詩人喜作「仿英雄體詩」。

⑬ 《桶的強奪》（Secehia Rapita）是義大利詩人塔索尼（Tassoni 1565—1635）的仿英雄體詩。《神的侮慢》（Scherno degli Dei）是義大利詩人布拉喬利尼（Bracciolini 1566—1640）的仿英雄體詩。兩詩都不著名。

類。「牧歌體」⑭之外還加上「漁歌體」，最後又加上「軍歌體」。《阿敏塔》⑮下水浸了一下，就變成《亞爾契奧》⑯。最後有一批藝術史家與文學史家被種類的觀念陶醉了，聲稱要寫一種歷史，不是敘述個別的眞正文藝作品，而是敘述叫做「作品的種類」的那些空洞的幻影；不是寫「藝術心靈的生展」，而是寫「種類的生展」⑰。

要謹嚴地說明和確定藝術的活動向來做的是什麼，而純正趣味向來認可的是什麼，這就是對於藝術與文學的種類說加以哲學的駁斥。純正趣味和眞正事實，當其化成一些公式時，往往不免帶著一些離奇論調的色彩，這是無足怪的。

種類區分的經驗的意義

談到悲劇、喜劇、戲劇、傳奇、日常生活畫、戰事畫，風景畫、海景畫、詩、小詩、抒

---

⑭「牧歌體」（pastoral，eclogue）：西元前三世紀希臘詩人忒奧克里托斯（Theocritus）創「牧歌體」，拉丁詩人維吉爾（Virgil 70—19）也做了一些牧歌，後來有許多詩人仿效。

⑮《阿敏塔》（Aminta）：義大利詩人塔索的田園詩劇，不甚成功。

⑯《亞爾契奧》（Alceo）：義大利詩人福斯科洛（Ugo Foscolo 1778—1821）的一部不甚成功的詩。

⑰「種類的生展」：法國十九世紀文學批評家勃呂納節（Brunetière 1849—1906）曾著一書述「種類的生展」（evolution des genres）。

情詩之類，如果用意只在使人粗略地了解某一類作品，或是爲著某種原因，要引起人對於某一類作品注意，這在科學的觀點上也並不算錯。運用術語並不是制定規律和界說。錯誤只在把科學的界說的重量加於一個術語上面，而且茫然自墮於術語的迷網。請讓我作一個譬喻。一個圖書館裏的書籍總要用某一種方法去安排。這在從前通常是依門類作一個粗略的分類（在這中間，「雜書」和「怪書」的名目也不少見）；它們現在通常是依面積或出版家來分別安排。誰能否認這些安排的必要性和用處呢？但是如果有人鄭重其事地在雜書和怪書中，在甲書店或乙書店出品中，在甲架或乙架中，這就是說，在只爲著實用而勉強安排的組別中，探討它們的文學的規律，我們怎麼說呢？可是如果有人想做這樣的事，他也就恰像那班探討審美規律的人，認爲這些規律必可統轄文學和藝術的種類。

第五章　史學與邏輯學中的類似錯誤

要加強上章一些批評的話，我們最好瞧一瞧由於不明白藝術的眞正性質，以及它和歷史與科學的關係所起的類似的反面錯誤。這些錯誤對於歷史原理與科學原理，即歷史學與邏輯學，都是有妨害的。

評歷史哲學

歷史的理智主義開了許多探討的道路，這些探討在過去兩世紀裏特別風行，在現在仍在進行著，目的在發見一種歷史哲學、一種理想的歷史、一種社會學、一種歷史的心理學，或是叫做任何其他名目的一種科學，要在歷史中抽繹出一些概念和普遍律。這些普遍律或共相究竟應該是什麼呢？歷史規律和歷史概念嗎？如果如此，稍懂知識論的人就可以見出這種企圖是荒謬的。像「歷史規律」、「歷史概念」之類的名目，如果不是沿俗使用的譬喻詞，實在就是自相矛盾的名詞；其中形容詞與名詞之不相適合，有如說「質的量」或「多元的一元主義」。歷史須有具體性與個別性，而規律與概念則爲抽象性與普遍性。但是如果不想從歷史中抽繹歷史的規律與概念，而只想從歷史中抽繹規律與概念，這種企圖固然不是無益的；不過這樣得來的學問不是一種歷史哲學，而是許多種哲學中的一種，如倫理學、邏輯學等等，或是經驗科學的無數部門之一，看情形而定。這種尋求不外有兩種目的：第一，找出我們已經提到的，作爲每一種歷史所必有的基礎的那些哲學概念，這就是使知覺別於直覺，歷史的直覺別於純粹的直覺，歷史別於藝術的那些概念；其次，結集和安排已形成的歷史的直覺品爲一些類型和門類，這恰是自然科學的方法。大思想家有時穿上不甚合適的歷史哲學的外衣，儘管有這種蒙蔽，仍能得到一些極重要的哲學眞理。把外衣脫掉，眞理仍然留存。近代社會學家們之所以難逃譴責，不僅因爲他們談社會學那個不可能的科學時所存在的錯覺，尤其因爲幾乎常與那錯覺相隨的貧乏收穫①。美學是否應該叫做「社會學的美學」，邏輯學是否應該叫做「社會學的邏輯學」，這無關宏旨。嚴重的毛病在這種美學是感官主義的牙慧，這種邏輯學是字面的，不連貫的。但是我們所指的這個哲學運動對於歷史學卻產生了兩個好結果。第一，要找歷史學的原理的那一個較強烈的願望起來了；所謂歷史學的原理是關於歷史學的性質與範圍的。依上文的分析，這原理難得圓滿，除非它問津於討論直覺的那一個普遍科學，即美學。在美學裏，歷史學的原理是一專章，它所以別於一般美學的在於它用一些共相。其次，在歷史哲學那一件虛僞而僭越的外衣蒙蔽之下，有時也確立了一些關於個別歷史事件的個別眞理，確立了一些法則和箴規，雖無疑只是經驗的，對於學者與批評家們也並非毫無用處。連最近的一種歷史哲學，叫做歷史唯物主義的，也有不可否認的用處；它

---

① 社會學的創始人要推法國學者孔德（Comte 1798—1857）。他把科學由簡而繁列為數學、天文學、物理學、化學、生物學（包涵心理學）、社會學。後一階段科學都要根據前一階段科學，所以社會學是最高的科學。應用社會學於美學的以法國學者居約（Guyau 1854—1888）為最著。他著有《藝術，從社會學觀點去看》一書。

對於向來被人忽略或誤解的社會生活的許多方面，作了很生動的闡明②。

美學侵越邏輯學

權威原則或「子曰」原則③，就是歷史侵越到科學和哲學的領域。這在經院派中最占勢力，它把歷史學固然不可少的這個或那個證據、檔案或權威的敘述，代替了省察和哲學的分析。不澈底了解審美的事實，於是發生嚴重的帶破壞性的騷擾與錯誤。受禍最烈的卻是邏輯學，即思想與理性知識的科學。邏輯的活動既較審美的活動後起，而且本身包含著審美的活動，受禍豈不是當然的事？一種不精確的美學必定拖著一種不精確的邏輯學在後面。

任何人打開一部邏輯著作，從亞里斯多德的《工具論》④到近代一些著作，都會承認它們都是字面的事實和思想的事實，文法的形式和概念的形式，美學和邏輯學的雜湊。這並非

② 克羅齊早年對馬克思主義還有些贊成，後來卻竭力反對。

③ 「子曰」原則（ipse dixit）：拉丁語，意為「老師曾經說過」，恰當於中文「子曰」。愛引古聖哲的話做自己的根據，不管它對不對，就是迷信「子曰」原則，譯作「教條主義」亦可。

④ 亞里斯多德的《工具論》（Organon）：形式邏輯學的祖宗。「工具」意謂學問的工具。它偏重思想的抽象形式，如判斷的形式以及三段論法的形式之類，所以稱為「形式邏輯學」。克羅齊譏其為「字面主義」（verbalism），因為它離開思想的實質而專在字面上推敲。

說從前不曾有過離開字面的表現而求抓住思想實質的企圖。亞里斯多德的邏輯學本身之僅成爲三段論法和字面主義，也並非沒有經過一些躊躇猶豫。在中世紀唯名主義派、唯實主義派與唯概念主義派⑤的爭辯中，眞正邏輯的問題也常被討論到。在伽利略與培根⑥的著作中，歸納法在自然科學裏占著光榮的地位。維柯攻擊過形式的與數理的邏輯，提倡有發明性的方

⑤「唯名主義派」、「唯實主義派」、「唯概念主義派」（nominalists、realists、conceptualists）：這是中世紀哲學上的大爭執。他們的問題是殊相（個別事物）與共相（概念，總類）有什麼關係，究竟哪一項是真實的。唯實派說：共相是真實的，愈普遍的愈真實。唯名派說：殊相是真實的，共相或概念不過是同類個別事物的總名。唯概念派折衷這兩派說：共相不僅是名字，它是真實的，在個別事物前，它存於上帝的心中的概念；在個別事物本身中，它是個別事物的共同點；在個別事物後，它存於思想者的心中當作概念；個別事物自然也是真實的；因此，共相以殊相顯，殊相以共相存。

⑥伽利略（Galileo 1564—1642）：義大利數學家和天文家，在實驗科學上有許多發明。著有《新科學對話》，討論科學方法。培根（Francis Bacon 1561—1626）：英國哲學家，著有《新工具論》，反對亞里斯多德的形式邏輯學，提倡觀察實驗與歸納法。

法。康德喚起人們對於「先經驗的綜合」⑦的注意。絕對唯心主義⑧藐視亞里斯多德的邏輯

---

⑦「先經驗的綜合」（a priori synthesis）：先經驗是對後經驗的（a posteriori）而言。據萊布尼茨和理性派學者，知識的來源分兩種。一是「先驗的」，即於理必然，不待經驗證實的，例如數學及幾何學的自明公理。這是一切經驗所依據的，一切知識都借先經驗的、自明的、普遍的、必然的、真理生發出來，它是理智所了解的，用不著感官。其次是後經驗的，即由感官察覺的，由經驗得來的，它對經驗的當時當境為真實，沒有普遍性和必然性，所以也叫做「偶然的」（contingent）。「綜合」是判斷的一種形式。綜合的判斷與分析的判斷對立。判斷的賓詞的意思已含在主詞裏面，可以由主詞分析出來，叫做分析的判斷。例如「物體是有體積的」，「物體」中即含有「有體積的」意思。這種判斷也是由理智獲得，無須假道於經驗的。它既只發揮主詞已有的意義，所以不能增加新知識。綜合的判斷則不然，它的賓詞是由經驗得來的新知識，不能從主詞分析出來。例如「這物體是熱的」，「物體」不一定含「熱」的意思。哲學上理性主義（rationalism）和經驗主義（empiricism）的大爭執就在這先經驗的與後經驗的，分析的與綜合的兩大區分上面。理性主義著重先經驗的分析的判斷，經驗主義是著重後經驗的綜合的判斷。很顯然。這兩大區分——先經驗的、分析的、理智的、必然的、普遍的與後經驗的、綜合的、感覺的、偶然的、特殊的——之中有一大鴻溝。二者如何交會融合，是有哲學史以來的首要問題。十八世紀德國大哲學家康德的大企圖就在把這鴻溝塞起。他所用的工具就是所謂「先經驗的綜合判斷」。他認為根據經驗的綜合判斷如果沒有一些先經驗的成分即不可能。例如數學的前提是綜合的，因為最後都必須根據知覺得來的東西。可是它們的必然性與普遍性不能由經驗證實，要證實它們的必然性與普遍性，就必須證實它們有先經驗的成分。康德認為空間、時間之類觀念——數學所依據的——為一切經驗所必需，而卻不由經驗獲得；所以一切經驗中都必假定有先經驗的成分。再比如說邏輯的判斷「凡人皆有死」，把實質除開，它必須有「全」、「偏」、「肯」、「否」之類形式的關係，也是不由經驗而卻為經驗所必有的。這就是「先經驗的綜合的判斷」的大意。

⑧「絕對唯心主義」（absolute idealism）：重要的宣導者是德國哲學家謝林（Schelling 1775—1854）他發揮康德唯心哲學，在心靈與自然，主觀與客觀之上立一最高原則，名為絕對（absolute），所以他的唯心主義叫做絕對唯心主義。在把「絕對」認為宇宙最高統一原則一點，他的思想頗近於黑格爾。

學。赫爾巴特⑨的門徒雖仍效忠於亞里斯多德，卻偏重他們叫做「敘述的」一類判斷⑩。這類判斷的性質與其他邏輯判斷是完全不同的。最後，語言學者也以爲文字就其對概念而言，是無理性的。但是有意識的穩健而澈底的邏輯改革運動，只有在美學中才能找到基礎或出發點。

邏輯學的本質

在照這種美學基礎妥善地改革過的邏輯學中，我們必須首先宣明這個眞理，並且抽繹它的意蘊：邏輯的事實，唯一的邏輯的事實，是概念、是共相、是構成共相的心靈，而且是只就其構成共相而言的心靈。如果歸納法指（像它有時是指）共相的構成，而演繹法指對共相的字面的闡發，則眞正的邏輯學就只能是歸納的邏輯學。但是「演繹」常指數學的特殊推理程式，「歸納」常指自然科學的特殊推理程式。我們最好避免用這兩個名詞，把眞正的邏輯學稱爲概念的邏輯學。概念的邏輯學雖運用歸納兼演繹的方法，卻不完全專用其中一種，這

---

⑨ 赫爾巴特（Herbart 1776—1841）：德國哲學家。

⑩ 「敘述的判斷」（narrative judgement）：一切記載經驗的判斷，例如「今天下雨」：「我感覺愉快」，「張三到了上海」之類。

就是說，它運用它所特有的思辨法或辯證法。

就它自身抽象地去看，概念或共相是不可表現的，沒有文字可以眞正表現概念。因此，邏輯的概念常恆一不變，不管它的字面的形式有多少變化。表現品對於概念，只是一個簡單的符號或引得。表現品固然不可少，但是它究竟是什麼，是這個還是那個，要看說話的人的歷史的與心理的情境而定。那表現品的性質是不能從那概念的性質推演出來的。文字的眞正意義（邏輯的意義）並不存在，它是構成概念的人臨時臨境所付與它們（文字）的⑪。

邏輯的判斷與非邏輯的判斷的分別

因此，唯一的眞正邏輯的（這就是審美兼邏輯的）前提，唯一嚴格的邏輯的判斷，必以確定概念爲唯一的正當內容。這些前提或判斷就是定義。科學本身不過是界說的結集，許多界說統一於一個最高界說，一個網羅一切概念的系統，即最高概念。

所以當務之急（至少是當作一個初步工夫）是從邏輯學中剔去一切不是確定概念的前

⑪ 例如，「人」一個概念可適用於任何個別的人。你是「人」、我是「人」、他是「人」，字面的形式儘管有變化，而「人」的概念卻恆一不變。那概念存於思想中是無法表現的。「人」——它的表現品——不過是一個字，符號或引得這字（「人」）的眞正意義並不在思想中抽象地存在，每人當時當境用這字時才賦予它一個具體的意義，你所了解的「人」和我所了解的「人」不完全一樣。

提。不僅亞里斯多德所稱的「非確有所闡明的判斷」⑫，例如表示願望的詞句，不是眞正的邏輯判斷，就連敘述的判斷也不是邏輯判斷。它們不是純粹的審美的前提，就是歷史的前提。「張某走過去、今天下雨、我昏倦想睡、我想看書。」這些和無數其他類似的前提都不過把張某走過去、下雨、我的身體要睡、我的意志向著看書方面之類事實的印象納到文字裏⑬，否則便是肯定這些事實存在⑭。它們所表現的可以是實在的，可以是歷史的想像，也可以是純粹的想像，卻絕不是確定共相的界說。

三段論法

要把非概念的判斷剔去，並不很困難。它差不多是已成事實，我們只需把它弄得明顯、確定、連貫就行了。但是我們怎樣應付叫做「三段論法」的那一種根據概念的判斷和推理，那一部分人類思想呢？什麼是三段論法？它是否是應受鄙視的無用廢物，像人文主義者⑮在

⑫「非確有所闡明的判斷」（non enunciative judgement）：例如「我願你來」，只表示一個願望而不是闡明一個真理。

⑬這是指上文所謂審美的前提。

⑭這是指上文所謂歷史的前提。

⑮「人文主義者」（humanists）：人文主義指文藝復興時代回到希臘自由思想和反對中世紀崇拜權威的文化運動：它產生了近代科學。

反抗經院派的時候，絕對唯心主義者，以及現代狂熱地欣羨自然科學的觀察實驗方法者，那樣輕視它呢？三段論法是依公式的推理，並不能發明眞理；它只是闡述，討論自己和自己或自己和旁人爭辯所要用的技術。三段論法從已形成的概念，已觀察到的事實出發，按照眞理或思想的常住性（這就是同一律與矛盾律的意義），從這些資料中推出結論，這就只是把已知道的東西複述一遍。所以從發明的觀點看，它雖是一種「疊床架屋」，對於教學和說明卻極有效益。把肯定語化爲三段論式，可以便於控制自己的思想，以及批評旁人的思想。嘲笑運用三段論法原不難，但是三段論法既已產生了而又繼續存在，也必有它的道理。我們只應譏刺它的流弊，例如用三段論法去證明事實、觀察與直覺方面的問題，或是對問題不肯深思和虛心探討，而只在三段論法的外形上做工夫。還有所謂「數理邏輯」⑯，從萊布尼茨⑰諸人就已開了路，在現代也還有人在嘗試。如果它有時能助我們很容易地記住，而且很快地控制住我們的思想的結果，我們也無妨對這種三段論式表示歡迎。

但是正因爲三段論法是說明與辯論的技術，它的原理不能在哲學的邏輯中占首要地位，來僭越關於概念的原理。概念的原理才是中心的統攝的原理，三段論法所有的邏輯的成分都

⑯「數理邏輯」（mathematical logic）：即符號邏輯（symbolic logic），要旨在根據很少的基本的思想的公理和定律，如同數學的推理方式，逐漸推證引申一切思想的形式出來。所以它仍是一種形式邏輯學。

⑰萊布尼茨（Leibniz 1646—1716）：德國大數學家和哲學家，首先看到邏輯學可以走數學符號的路徑。

可以納在這裏面而無餘（如諸概念的關係、附屬、平行、同一之類）。我們也不要忘記，概念和邏輯的判斷以及三段論法並不是站在一條線上。只有概念才是邏輯的事實，判斷與三段論法只是概念表現自身所取的形式。就其爲形式而言，它們只能用審美的（文法的）觀點去考核；就其有邏輯的內容而言，它們須丟開形式本身而進爲概念的原理，才能有邏輯的內容。

邏輯的假與審美的真

人們常說，不善於推理的人也就不善於說話和寫作，精確的邏輯分析是好表現品的基礎。這話也可以從上述道理證實。它其實是一種重複詞，因爲善於推理就是善於表現，表現就是對於我們自己的邏輯思考加以直覺的掌握。矛盾原則本身其實只是美學上的連貫原則。也許有人說：從錯誤的概念出發，寫得很好和說得很好還是可能，正猶如推斷得很好還是可能；有一部分人雖缺乏大發明家所以成爲大發明家的聰慧，卻仍不失其爲很流暢的寫作家，因爲寫得好要靠對於自己的思想有明晰的直覺，儘管那思想或許是錯誤的；它本無須有科學的眞實，只要有審美的眞實就行；這就無異於說，只要寫得好。像叔本華那樣的哲學家可以想像藝術是柏拉圖的理式的表象⑱。這學說在科學上是錯誤的，但是他可以發揮這錯誤的知識，寫成頂好的散文，從審美的觀點看是極眞實的。我們已經答覆過這些反駁；我們說過：說話者或寫作者闡述一個沒有想好的概念，就正在這一點上他是一個低劣的說話者或寫作者；雖然他後來在許多其他部分思想可以振作起來，想出一些與以往錯誤不相連貫的眞實的前提，因此繼混亂的表現之後可以有清晰的表現。

改革過的邏輯學

所以現在還使邏輯論著顯得累贅的許多關於判斷的形式，三段論法的形式，它們的轉變，它們的各種關係之類的探討，將來要減少、要改變、要轉成別的東西。關於概念，概念的組織、界說、系統、哲學，以及各種科學等等的原理將來要代替它們，只有這種原理才會組成眞正的邏輯學。

有些人先已懷疑到美學與邏輯學的密切關係，想把美學看成一種「感性知識的邏輯

⑱ 柏拉圖的理式（Platonic ideas）：依柏拉圖，經驗界無真理，感官所接觸的事物全是虛幻，它們只是「理式」的影子，唯有理式是真實的，長存不變的。比如雪的「白」可以消化，而「白」一個理式則無時空性，永遠地、普遍地可以應用凡是「白」的事物上去。凡是「白」的事物都是模仿「白」的理式那個原型而產生的。「理式」不是觀念或概念，這些都是心靈活動的產品，而柏拉圖的「理式」是獨立的客觀存在。

學」，他們特別喜歡把邏輯的範疇應用到這門新知識上去，談什麼「審美的概念」、「審美的判斷」、「審美的三段論法」之類。我們不那樣迷信經院派傳統的邏輯學的永久性，同時對於美學的性質也知道較清楚，就不贊成應用邏輯學於美學，就要把邏輯學從一些審美的形式中解放出來。這些審美的形式曾經產生了一些子虛烏有的邏輯的形式和範疇，由於採用了一些完全勉強的沒有認清的區分。

經過這樣改造，邏輯學將仍是形式的邏輯學；它將研究思想的眞正形式或活動，研究共相的概念，排除個別的特殊的概念。舊式邏輯學並不配稱爲形式邏輯學，它最好稱爲「字面的」或形式化的邏輯學。形式邏輯學要逐出形式化的邏輯學。想達到這個目的，它必須求援於一種眞實的或本質的邏輯學——這本已有人做過——這就不復是思想的科學，而是正在活動的思想本身；不僅是一種邏輯學，而是包涵邏輯學在內的全部哲學。思想的科學（邏輯學）就是概念的科學，猶如想像的科學（美學）就是表現的科學。要維持這兩種科學的健全，就必須把這兩個領域很嚴謹地精確地區分開來。

原書第四版附注：這一章中談邏輯學的一些話不完全是清楚的或正確的，必須在「心靈的哲學」第二部專講邏輯學的一書中再加闡明糾正。在這部邏輯學中，邏輯的前提與歷史的前提都重新討論過，它們的綜合成的整一體也說明過。

第六章　認識的活動與實踐的活動①

① 「認識的活動與實踐的活動」（theoretical activity and practical activity）:西文theory一字通常一律譯為「理論」或「學理」、「學說」，它的形容詞則為「理論的」。這些譯名在本書中就不妥當。這字根是從希臘文thea來的，與「戲院」（theatre）一字同源，原義只是「見」或「觀」，推到「所見」「所觀」。戲院裏的戲是一種「所觀」。在中西文中，「見」都有「了解」或「知」的意思。見而有所知，就是theory。所以如果拿中文慣用詞「認識」來譯，甚為恰當。「認識」包含一切「知」的活動，依克羅齊說，這只有「直覺」和「概念」兩種。「直覺」是只見事物物件本身而知其形象，「概念」則見到事物中的關係，運用推理作用而有所了解。所謂「理論的」只能應用到知的概念階段而不能應用知的直覺階段，其實直覺仍是theoretical，所以「理論的」只能譯出theoretical的片面意義，不很妥當。

直覺的與理智的兩種形式，我們已說過，把心靈的全部認識的範圍都包括無餘了。但是我們如果不先把認識的心靈和實踐的心靈的關係確定清楚，就不能澈底了解上述兩種形式，也不能批評另一批錯誤的美學理論。

意志

實踐的形式或活動就是意志。在一些哲學系統中，意志是宇宙的基本，事物的本原，眞正的實在②。我們在這裏用「意志」這個名詞，並不採用這個意義。另一些哲學系統把意志認爲心靈的力、心靈，或一般活動，因此把人類心靈的每一個動作都看成意志的一種作爲③。這個廣義我們也不採用。我們所用的既不是形而上學的意義，也不是譬喻的意義。在我們看，意志是像通常所了解的，是與對事物取純粹的認識性的觀照有別的那種心靈活動，它所產生的不是知識而是行動。在出於意志時，行動才眞是行動。不消說要起作爲的意志，在科學的意義上，通常也包括所謂「不爲」；要抵抗、要消除的意志，一個像普羅米修斯④那樣

---

② 這是指叔本華一派的哲學：尼采的見解也大致相同。

③ 這是法國哲學家比朗（Maine de Biran 1766—1824）一派人的主張。柏格森的「生力」說與佛洛伊德的「力比多」（libido）說與此亦相近。

④ 普羅米修斯（Prometheus）：希臘神話中反抗天神，偷火與人類而被天神嚴譴的一位神人，他成為革命與反抗的象徵。

的意志，也就是行動。

意志是知識的歸宿

人類用認識的活動去了解事物，用實踐的活動去改變事物：用前者去掌握宇宙，用後者去創造宇宙。但是認識活動是實踐活動的基礎；我們在上文說過，審美的活動與邏輯的活動有「雙度」關係。在較大範圍裏，認識活動與實踐活動也有這雙度關係。認識離意志而獨立，這是可思議的；意志離認識而獨立，這是不可思議的。盲目的意志不是意志，眞正的意志必有眼光。

如果對於事物沒有歷史的直覺（知覺），和對於邏輯關係的（使我們明瞭那些事物性質的）認識，我們如何能起意志呢？如果我們不明白周圍世界，或是不明白如何用行動來改變事物，我們如何能眞正能起意志呢？

反駁與解答

有人反駁道：愛行動的人們，道地的實踐的人們，最不慣用觀照去求認識，他們的力量不滯留於觀照而直洩於意志。從另一方面來說，愛觀照的人們，哲學家們，在實踐的事務方面常很平庸、意志薄弱，所以在人生的熱鬧中被人忽視。這些分別顯然只是經驗的和數量的。實踐的人固無需有一套哲學才去行動，但是在他的行動範圍內，他卻從他看得很清楚的直覺與概念出發，否則無從用意志去發最尋常的行動。舉個例來說，如果對於食物，對於某種動作與某種滿足的因果關係，都沒有知識，起意志去吃東西就不可能。逐漸升到較繁複的活動，例如政治的活動。我們如何能起意志去做一件在政治上可分好壞的事，如果不知道社會的實際情形，而且因此就不知道應採用的方法和手段呢？實踐的人在不很明白這幾點時，或是心中有疑惑時，行動就不會發作，或是中途停止。在這種時候，那平常在行動迅速演變中，人們少注意而常忘記的認識的階段，就變成重要而且久占意識了。如果這個認識的階段延長，那實踐的人就可變成一個哈姆雷特⑤，一方面想行動，一方面對於實際情形和應採的手段又沒有清晰的認識，於是徘徊猶豫。如果他對於觀照和發明發生興趣，把意志和行動方面的事讓給旁人，他就會養成藝術家、科學家或哲學家的平靜的氣質，這類人在實踐方面有時無能甚至簡直不道德。這些話都是顯而易見的，無疑是正確的。可是我們須複述一句，它們都基於量的分別，不但不能反駁而且證實了我們所說的道理：一個行動，儘管如何細微，除非有認識的活動做先導，就不能眞是行動，

---

⑤ 哈姆雷特（Hamlet）：莎士比亞的名劇中的主角。他的母親私通他的叔父，把他的父親謀殺了。他要報仇，徘徊猶豫，思量這樣，思量那樣，不容易下一個決心。他是沉醉於思考而不能行動者的代表。

即不能眞是起於意志的行動。

評實踐的判斷或價値的判斷

在另一方面，有一部分心理學者在實踐的行動之前特設一類判斷，叫做「實踐的判斷」或「價値的判斷」⑥。他們說：要決定發作一個行動，先須作「這個行動是有用的，這個行動是善的」一個判斷。在第一眼看來，這話似有意識可憑。但是較切近的觀察和較精細的分析可以見出：這類判斷來在確定意志之後，並不在前，它們不過是已發作的意志的表現。一個有用的或善的行動就是意志所要採取的行動。從對於事物的客觀的研究，我們找不出絲毫叫做「有用的」或「善的」屬性。我們希求事物，不是因爲我們知道它們是有用的或善的；我們知道它們是有用的或善的，卻是因爲我們希求它們。在這裏也是由於意識的事實進行很快，我們就生了一種幻覺。走在實踐行動前面的是知識，但不是實踐的知識，或對於實踐方面的知識；要得到實踐的知識，我們首先要有實踐的行動。所以實踐的判斷或價値的判斷那第三階段完全是想像的，在認識與實踐兩階段或雙度之中並沒有它的地位。此外，一般規範

⑥「實踐的判斷」（practical judgment）或「價値的判斷」（judgment of value）：這是康德用的名詞，意義看下文所舉例自明。

的科學⑦，就是立法則、發號令，爲實踐行動發見價值和指示價值的科學，也不存在；任何一種活動其實都不能有什麼規範的科學去支配，因爲每種科學都須假定它所取爲研究物件的那個活動是已實現過，發生過的。

從審美的活動中排除實踐的活動

這些分別既弄清楚了，我們就必須指斥一切把審美的活動附屬於實踐的活動，或以實踐活動的規律應用於審美的活動之類學說的錯誤。人們常說科學是認識，藝術是實踐。他們把審美的事實看成實踐的事實，也並非隨意亂說，或是捕風捉影，而是因爲他們注意到一種眞正是實踐的東西，但是他們所指實踐的東西並不是審美的，也不在審美的範圍之內；它是在這範圍外面和附近的；雖然它常與審美的合在一起，卻不是必然要如此，不是因爲性質相同要如此。

審美的事實在對諸印象作表現的加工之中就已完成了。我們在心中作成了文章，明確地

---

⑦「規範的科學」（normal science）：指倫理學、政治學、法律學之類科學，這類科學給人規範，使他們在實際行為上有一個標準。不過近代科學愈發達，自然科學的方法愈占勢力，從前所謂「規範的科學」都逐漸變成自然科學了。自然科學研究事物之所以然，規範科學研究事物之所當然。

構思了一個形狀或雕像，或是找到一個樂曲的時候，表現品就已產生而且完成了，此外並不需要什麼。如果在此之後，我們要開口——起意志要開口說話，或提起嗓子歌唱，這就是用口頭上的文字和聽得到的音調，把我們已經向我們自己說過或唱過的東西，表達出來；如果我們伸手——起意志要伸手去彈琴上的鍵子或運用筆和刀，用可久留或暫留的痕跡記錄那種材料，把我們已經具體而微地、迅速地發出來的一些動作，再大規模地發作一次；這都是後來附加的工作，另一種事實，比起表現活動來，遵照另一套不同的規律。這另一種事實暫時與我們無關，雖然我們將來要承認這第二階段所造作的是事實，是一種實踐的事實、意志的事實。內在的藝術作品與外現的藝術作品通常被人分開，這些名稱在我們看是不恰當的，因為藝術作品（審美的作品）都是「內在的」，所謂「外現的」就不是藝術作品。另一批人把審美的事實和藝術的事實分開，以為藝術的事實是外現的或實踐的階段，它可以跟隨，而且常的確跟隨表現階段而起。但是照這個說法，那只是用字的問題，這樣用字固無不可，卻或許不妥當⑧。

⑧ 這段在克羅齊的美學中很重要。他把「表現」和「傳達」分開，前者是藝術的活動，後者是實踐的活動。他把「傳達」叫做「外射」即一般人所謂「表現」；他所謂「表現」完全在心裏完成，即一般人所謂「腹稿」。胸有成竹，竹已表現；把這已表現好的竹寫在紙上，這是「傳達」或「外射」，是實踐的不是藝術的活動，它有「給別人看」或「備自己後來看」那一個實踐的目的。參看本書第一七六頁注②。

評藝術的目的說及內容的選擇說

同理，就藝術之爲藝術而言，尋求藝術的目的是可笑的。再者，定一個目的就是選擇，藝術的內容須經選擇說也是錯誤的。在諸印象及感受品之中加選擇，就無異於說這些印象與感受品已經是表現品，否則在混整的東西之中如何有選擇呢？選擇就是起意志：起意志要這個不要那個；這個和那個就必須擺在我們面前，已表現了的。實踐在認識之後，並不在前；表現是自然流露。

在事實上，眞正的藝術家發見自己心中像懷胎似的有了作品主題，怎樣經過他並不知道。他只覺得生產的時刻快到了，但是不能起意志要生產或不要生產。如果他故意要違反他的靈感，要加一個勉強的選擇，如果他生來是阿那克里翁[9]，卻要歌唱阿特柔斯和阿爾西德[10]的故事，他的豎琴就會提醒他的錯誤，只發伴奏歌唱維納斯[11]和愛情的聲音，儘管他竭力避免這樣。

---

⑨ 阿那克里翁（Anacreon）：西元前六世紀希臘詩人，他的詩大半歌唱醇酒婦人。

⑩ 阿特柔斯（Atreus）：希臘的一個王族，其中有一個國王阿伽門農（Agamemnon）和他的子女的悲劇，是希臘的第一個大悲劇家埃斯庫羅斯（Aeschylus 525—556）的題材。阿爾西德（Alcides），希臘大力士海格力士（Hercules）的別名。希臘大悲劇家索福克勒斯（Sophocles）和歐里庇得斯（Euripides）都用過有關他的故事為題材。

⑪ 維納斯（Venus）：羅馬神話中的愛神。

從實踐的觀點看，藝術是無害的

因此，題材或內容不能從實踐的或道德的觀點加以毀譽。藝術批評家們說某某題旨選擇得不好時，如果那話有正當的根據，它所指責的不能是題旨的選擇（這就會是荒謬的），只能是作者處理那題旨的方式，即內在矛盾所造成的表現的失敗。這些批評家們往往又說某些作品在藝術上是完美的，卻譴責它們的題旨或內容不配爲藝術；如果這些表現品眞是完美的，就沒有別的可說，只好請那些批評家們不要再攪擾藝術家們，因爲藝術家們只能從曾經感動心靈的東西中取得靈感。批評家們最好注意去改變四周的自然與社會，使他們所認爲可譴責的那些印象和心境不發生。如果醜惡可從世界中消滅，普遍的德行與幸福可以在這世界中奠定，藝術家們也許就不再表現反常的或悲觀的感覺，而只表現平靜的、純潔的、愉快的感覺，成了眞正理想國的理想人物。但是只要醜惡與混濁有一天還在自然中存在，不招自來地臨到藝術家們的頭上，我們就無法制止這些東西的表現；表現已成就了，要取消已成事實也是無用的。我們這樣說，是完全採取美學的，和純粹的藝術批評的觀點。

我們在這裏用不著去估計，根據「選擇」說的批評對於藝術創作有多麼大的損害，它在藝術家們本身中間所產生的偏見，以及它所造成的藝術動機與批評要求之中的衝突。誠然，這種批評有時也像有一點用處，因爲它幫助藝術家們發見他們自己，就是發見他們自己的印象和靈感；幫助他們意識到他們所需的歷史階段和他們個人的性情規定他們要做的工作。在這些情形之下，根據「選擇」說的批評雖自信產生了那些表現品，其實只是對於已形成的表現品加以承認與幫助。它自信是母親，其實至多只是助產婦。

藝術的獨立

內容選擇是不可能的，這就完成了藝術獨立的原理，也是「爲藝術而藝術」一語的正確意義。藝術對於科學、實踐和道德都是獨立的。我們不用怕輕浮的或乾枯的藝術因此有所藉口，因爲眞正輕浮或乾枯的藝術之所以輕浮或乾枯，是由於沒有達到表現；這就是說，輕浮和乾枯總是起於藝術處理的方式，起於不能掌握內容，不起於內容本身的質料。

評風格即人格說

除非根據認識與實踐的分別，根據審美活動的認識性，風格即人格說也無從批評得詳盡。人不僅是知識與觀照；他也是意志，而意志包括認識的階段。因此風格即人格說只有兩個可能：如果它指風格就是具風格方面的人格，即只指表現活動那方面的人格，那就是完全空洞無意義的；如果要想從某人所見到而表現出來的作品去推斷他做了什麼，起了什麼意志，即肯定知識與意志之中有邏輯的關係，那就是錯誤的。許多藝術家傳記中的傳說都起於風格即人格一個錯誤的等式。好像一個人在作品中表現了高尚的情感，在實踐生活中就不可能不是一個高尚的人，或是一個戲劇家在劇本中寫的全是殺人行兇，自己在實踐生活中就不可能沒有做一點殺人行兇的事。藝術家們抗議道：「我的書雖淫，我的生活卻正經。」不但沒有人相信，反而惹到欺騙和虛僞的罪名。可憐的維洛那城的婦女們，你們謹愼得多了，你看到但丁的黝黑的面孔，就以爲他眞正下過地獄！你們的猜測至少還是一種歷史的猜測。

評藝術須眞誠說

最後，當做一種責任擺在藝術家身上的眞誠（一個倫理學的規律，據說也是一個美學的規律）也有兩重意義。第一，眞誠可以指不欺騙鄰人那個道德的責任；就這個意義說，它與藝術家毫不相干。藝術家本不欺騙任何人，他只賦予形式給已在心中存在的東西。如果他辜負他的藝術家的責任，不依本性做他的工作，那就是欺騙了。如果欺騙的言行在他心裏形成印象，他所賦予它們的形式因其爲審美的，就不是欺騙的言行了。如果一個藝術家是騙子、說謊者、壞蛋，而且把那方面人格反映到藝術裏，他也就把它淨化了。其次，如果眞誠是指表現的充實眞切，這第二意義顯然與倫理的概念無關。這個叫倫理學的又叫做美學的「眞誠」規律，不過是同一名詞用在倫理學和美學兩個不同的範圍裏。

第七章　認識的活動與實踐的活動的類比

實踐活動的兩個形式

認識活動的雙度——審美的與邏輯的——在實踐活動中有一個重要的對稱，還沒有顯示出來。實踐活動也分爲第一度與第二度，第二度也包涵第一度。第一度只是有用的或經濟的活動，第二度是道德的活動。經濟學好像是實踐生活的美學，道德學好像是實踐生活的邏輯學。

經濟上的有用的活動

如果哲學家們沒有認清這一點，沒有替經濟的活動在心靈系統中找得一個正當地位，以至它在政治經濟學著作的序論裏浮游不定，往往含糊而沒有闡發，理由之一就是有用的或經濟的活動往往與「技術的活動」和「自私的活動」那兩個概念相混。

有用的活動與技術的活動的分別

技術決不是心靈的一種特殊的活動。技術就是知識，或則說，一般知識本身，當它替實踐的行動作基礎時（我們已見過，它能如此），就取得「技術」的名稱。一種知識，如果不應用於實踐的行動，或是按假定不易應用於實踐的行動，就叫做「純粹的」；同一知識，如果有效地應用於行動，就叫做「應用的」；如果假定它容易應用於某一行動，就叫做「可應用的」或「技術的」。所以「技術的」這個術語只指知識所處或易處的一種情境，而不是知識的一種特殊形式。這是千眞萬確的，所以我們絕對不能確定某一類知識在本質上是純粹的還是應用的。一切知識，無論你以爲它是如何抽象的、哲學的，都可以作實踐行動的指南。對於道德的最高原則如果有一點認識上的錯誤，這錯誤就可以影響到而且往往確實影響到實踐生活。我們只能粗略地不科學地說某些眞理是純粹的，某些眞理是應用的。

叫做「技術的」知識也可以叫做「有用的」。但是據前章批評價値的判斷那一番話，「有用的」一詞用在這裏只能有一種字面的或譬喻的意義。我們說水對於熄火有用，「有用」就不是取它的科學的意義。水倒在火上是火熄的原因，這一點知識可以供救火隊作行動的基礎。在熄火人的有用的行動與水可熄火那一點知識之中有一個關聯，但只是先後承續的關聯而不是性質上的關聯。水的效果那一點技術的知識是在前的認識的活動；熄火人的行動才是唯一的「有用的」東西。

有用的與自私的兩概念的分別

有些經濟學家們把「有用的」和「自私的」相混，其實前者只是經濟的行動或經濟的意志，後者只是對私人有利益的，不管道德法律，而且實在違反道德法律。自私的就是不道德的。在這情形之下，經濟學就不免是一種很奇怪的科學，和倫理學不是平行而是相反的了；像魔鬼之與上帝，或至少像教會奉聖典禮中的「魔鬼的辯護者」。這種觀念是絕對不能成立的：研究不道德的科學就包括在研究道德的科學裏面；猶如研究錯誤的科學就包括在邏輯學（研究眞理的科學）裏面；研究不成功的表現的科學就包括在美學（研究成功的表現的科學）裏面。所以經濟學如果是研究自私主義的科學，它就應該是倫理學的一章，或則就是倫理學本身；因爲每一個道德的決定同時也就是對於它的對立面的否定。

還有一層，良心告訴我們：依經濟的立場去立身處世，並非就是依自私的立場去立身處世；最關心道德的人如果不願隨便倒行逆施、違反道德，也就必須依效用的（經濟的）立場去立身處世。如果講效用就是自私主義，難道博愛者的責任就在跟自私者一樣做人嗎？

經濟的意志與道德的意志

我們的看法如果不錯，上述困難就可完全用解決表現與概念（美學與邏輯學）的關係那個問題的方法去解決。

依經濟的立場起意志，就是起意志要達到一個目的；依道德的立場起意志，就是起意志要達到一個有理性的目的。但是任何人依道德的立場起意志、發行動，也必同時是在依效用的（經濟的）立場起意志、發行動。他如何能起意志要達到那有理性的目的，除非他把它當作他的個人的目的呢？

純粹的經濟性

這話反過來說便不對，猶如在美學中說表現的事實一定要與邏輯的事實結合是一樣不對。從經濟的立場起意志而不同時從道德的立場起意志是可能的，一個人可能完全合於經濟的原則去立身處世，而所追求的目的在客觀方面看，卻是無理性的（不道德的），或則說，那目的在較高度的意識中是會被認爲無理性的。

有經濟性而無道德性的實例有馬基維利的《君主論》中的主角凱撒．波吉亞①，或莎士比亞的伊阿古②。雖然這些人的活動只是經濟的，朝反道德的方向發展，誰能不佩服他們的意

---

① 馬基維利（Machiavelli 1469—1527）：義大利佛羅倫斯的政治家和政治哲學家。他的《君主論》一書在政治思想史中占很重要的地位。他在這部書裏主張在政治上要達到目的，可以不擇手段，凱撒．波吉亞（Cesare Borgia 1476—1507）是教皇亞歷山大六世的私生子，極殘酷不仁，可是極能幹。馬基維利把他看成君主的模範。

② 伊阿古（Iago）：莎士比亞的悲劇《奧塞羅》（Othello）中一個奸猾的角色。他用種種詭計謀害他的長官奧塞羅，說他的夫人有姦情，以致奧塞羅把自己純潔的妻子殺死。

志力呢？誰能不佩服薄伽丘所寫的齊亞柏勒陀③？他臨死時還在追求實現他的大流氓理想，開玩笑地假裝懺悔，使身旁那些膽怯的小偷們都驚讚道：「這是什麼樣的人？老了、病了，馬上就要死了，馬上上帝就要審判他了，這些恐怖都不能叫他丟開他的兇惡，或是叫他希望像個正經人那樣去死！」

道德的經濟方面

把凱撒．波吉亞、伊阿古、齊亞柏勒陀的堅忍無畏拿來和聖賢豪傑的善良意志合在一起，就是道德的人。或則說得更好一點，善良意志不成其爲意志，因此即不成其爲善良，如果在使其爲「善良」者之外，沒有使其爲「意志」的東西。正如一個邏輯的思想如果沒有表現成功，即不成其爲思想，至多只是對於將起未起的思想的一種朦朧的預感。

因此，把不關道德的④人認成也是違反經濟的人，或是把道德認成生活行爲的融貫性

---

③ 薄伽丘（Boccaccio 1313—1375）：義大利文藝復興的重要作家之一。他的最著名的作品是《十日談》（Decameron），歐洲最早的短篇故事集。齊亞柏勒陀（Ser Ciappelletto）就是書中一篇故事的主角，一個典型的壞人。

④ 「不關道德的」（amoral）：指「在道德範圍以外的」，「不能從道德觀點說好壞的」，既非「道德的」也非「不道德的」。

（即經濟性）中的一個原素，都是不正確的。我們不難想像到一個毫無道德良心的人（縱然不是畢生如此，至少在一生中某些時期中是如此），我們認爲不道德的活動對他卻不能說是不道德的，因爲他追求的東西，與當作滿足自私的動機而追求的東西之中有什麼衝突。這衝突就是違反經濟性。只是對於一個有道德良心的人來說，不道德的行爲才同時也是違反經濟的。說明這個道理的道德性的懊悔同時也就是經濟性的懊悔；那就是惋惜原來沒有認清怎樣很好地起意志，去達到第一念所希求的道德理想，以至被情欲引上錯路。拉丁成語說：「我本來見到善，知其爲善，卻走到惡方面去了。」這裏「見」和「知」是行善的第一念，不過馬上就被否定了，被推翻了。我們必須承認：沒有道德意識的人可以有純是經濟性的懊悔；例如一個賊或兇手的懊悔，他剛要搶掠或行刺，卻停住手，並非他的性格改變了，而是由於張惶失措，甚至由於道德意識暫時醒覺。當他回到自己的本來面目時，他會懊悔，羞愧自己有始無終；他的懊悔並不是由於做了壞事，而是由於沒有做成壞事，所以只是經濟性的，而不是道德性的懊悔，因爲原已假定他沒有道德性的懊悔。但是大多數人通常都有一種生動的道德意識，完全缺乏道德意識的人是少有的，或許竟是不存在的怪物，所以我們可以說，在人生行爲中，道德性通常是與經濟性一致的。

純經濟的活動和在道德上不分好壞的謬見

我們不用怕上述道德經濟平行說會把「在道德上不分好壞的」一個範疇再引到科學裏來，所謂「在道德上不分好壞的」就無異於說它既是行動與意志，卻又沒有道德與不道德的分別；總之，它是屬於「不犯法的」和「可允許的」那一類。這種觀念常是道德腐敗的原因或反映，像耶穌會學派的道德哲學[5]就受這觀念統治。在道德上不分好壞的行動其實並不存在，因爲人的每一個最微細的出於意志的動作都是，而且都必是，在道德上須分好壞的活動。但是這看法不但不能推翻已成立的平行說，而且證實了它。世間是否偶爾有一些直覺品爲科學與理智所達不到，分析不到，不能把它們化爲普遍的概念或是化爲歷史的敘述呢？我們已經見過：眞正的科學，即哲學（不像所謂自然科學），並沒有一些外在的限制攔它的路。科學完全統治著人類的審美的直覺品，道德也完全統治著人類的經濟的意志活動；雖然科學要借審美的形式才能具體地出現，道德也要借經濟的形式才能具體地出現[6]。

---

⑤ 耶穌會學派（Jesuits）：天主教會中一個派別。

⑥ 這段的主旨在說明經濟與道德雖有像直覺與概念的雙度關係，人類的活動不外認識與實踐兩種，每種各有先後兩度關係。先可離後，後不可離先；直覺可離概念，經濟可離道德；而概念卻不能離直覺，道德卻不能離經濟。科學（即概念或邏輯）統治直覺品，因為科學內含直覺品；道德統治經濟的活動，因為道德內含經濟的活動。科學借審美的形式具體地出現，因為共相基於殊相，有殊相才能見共相；道德借經濟的形式具體地出現，因為有理性的活動（道德的）要在個別的經濟的活動中見出。

評功利主義與倫理學、經濟學的改造

有用的與道德的，經濟的與倫理的，二者之中的這種同與異，可以說明倫理學中的功利主義⑦在現在與過去的成功。在每一道德的行動之中尋出一個功利的方面，實在是易事；正如在每一個邏輯的前提之中尋出一個審美的方面也是易事一樣。要批評倫理的功利主義，我們不能從否認這個眞理下手，或是從找荒謬無稽的實例去證明有無用的道德的行動下手。我們必須承認道德的行動有功利的方面，把這功利的方面看成道德的具體形式，它就含在這具體形式裏面。功利主義者沒有看出這「含在裏面」的道理。這些意思應有較詳盡的闡發，可是本書不是合適的地方⑧。倫理學與經濟學都會得益（如同我們對於邏輯學與美學所說過的），如果它們的關係得到較精確的決定。經濟學在設法超過使它弄得糾纏不清的數學階段，正逐漸提升到對於效用有一種生動的了解，而那數學階段本身對於它所代替的歷史主義，即認識活動與歷史事實的混淆，也是一種進步，它推翻了許多勉強的分別和妄誕的經濟學說。有了這種效用的概念，我們一方面可以吸收而且檢查所謂純粹經濟學的一些半哲學性

---

⑦「功利主義」（utilitarianism）：英國經濟學家邊沁（Jeremy Bentham 1748—1832）和穆勒（James Mill 1773—1836）所創始的，要旨是「最大多數人的最大量的幸福是衡量是非的標準」，苦與樂是人類行為的最重要的動機，道德的和有用的是一回事。

⑧克羅齊有專著詳論經濟學和倫理學，即《心靈的哲學》第三卷，叫做《實踐活動的哲學：經濟學和倫理學》，或簡稱《實踐哲學》。

的學說，另一方面也可以把逐漸積累起來的錯綜複雜的和附加的東西引進來，以便從哲學的方法轉變到經驗的或自然科學的方法，這樣就把經院派所謂政治經濟學或國家經濟學所闡明的一些學說都包括在內。

實踐活動中的現象與本體

像審美的直覺認識現象或自然，而哲學的概念作用認識本體或心靈一樣；經濟活動是對現象或自然起意志的，而道德活動是對本體或心靈起意志的。道德本質的最妥當的定義也許是這個：心靈起意志要實現它自己，實現它的眞正的自我，即含在經驗的有限的心靈之中的普遍性⑨。這種要實現眞自我的意志便是「絕對自由」⑩。

⑨ 在殊相中所見的共相，在個別的人中所見的普通人性。

⑩ 「絕對的自由」（absolute freedom）：自由與必然（necessity）對立，猶如心靈與自然對立。心靈實現它的眞自我，不受自然的必然性所限制，於是得到「絕對的自由」。

第八章　其他心靈的形式不存在

心靈的系統

關於心靈的基本階段的全部哲學，我們已經給了一個概要，認爲心靈含有四階段或四度①，依照下式安排：認識的活動對實踐的活動，猶如認識第一度對認識的第二度，實踐的第一度對實踐的第二度。在它們的具體形式中，這四個階段都是後者內含前者：概念不能離開表現而獨立，效用不能離開概念與表現而獨立，道德不能離開概念、表現與效用而獨立。如果審美的事實在某一種意義上是唯一可獨立的，其餘三者都多少有所依傍；邏輯的活動依傍最少，道德的意志依傍最多。道德的意向須遵照已有的認識的基礎走，它不能離這基礎，除非我們肯承認耶穌會學派所謂「意旨的定向」②那樣一個荒誕無稽的作用，在這個作用中人們假裝不知道其實知道得很清楚的東西。

---

① 四階段或四度（four moments or degrees）：認識的活動有直覺與概念的雙度，實踐的活動有效用與道德的雙度，共為四度，包括一切心靈的活動，已如前述。「度」又叫做「階段」，都是譬喻詞，「度」如寒暑表上的度數，「階段」如階梯的段落，都是從低級轉到高級，上一層都要假定下一層。心靈活動的四階段由低而高為認識的（直覺→概念）→實踐的（效用→道德）。克羅齊著了四部哲學著作：一、《美學》，討論第一度認識活動，即直覺；二、《邏輯學》，討論第二度認識活動，即概念；三、《實踐活動的哲學》，討論經濟的和道德的雙度實際活動；四、《歷史學》，討論對已成事實的直覺。這四部著作就組成他的《心靈哲學》的全體。

② 「意旨的定向」（direction of intention），來源待考。

天才的各種形式

人類活動的形式既有四種，天才的形式也就有四種。在藝術、科學和道德的意志方面，有天才的人們或英雄總是得到承認的。純粹的經濟方面的天才卻遭人嫌惡。特設一類來容納壞天才或邪惡的天才也並非完全無理。實踐的天才，僅是經濟的天才，不用來達到有理性的目的，不能不令人害怕而又羨慕。「天才」一詞是否只適用於審美的表現品的創作者，還是也可適用於科學研究者和實際行動者，這種爭論只是關於用字的問題。在另一方面，如果說無論哪一種天才，都是一個量的概念和一個經驗上的分別，這就是複述我們關於藝術天才所已說過的話。

第五形式的活動不存在：法律，社會性

心靈的活動沒有第五形式。一切其他形式或是不具心靈活動的性質，或是上述四種活動的字面的變相，或是複合的派生的事實，其中各種活動混在一起，塞上個別的偶然的內容，這些道理都是容易說明的。

例如法律的事實，當作所謂客觀的法律來看，是由經濟的和邏輯的活動派生出來的。法律是一個準繩，一個公式（不管是口說的還是成文的），把一個人或一個團體意志所要的那一種經濟關係規定出來，而這經濟方面使法律與道德的活動既相結合，而又有分別。另舉一

個例來說，社會學（在它現有的許多意義之中）有時被認成研究叫做「社會性」那個特別原素的學問。我們要問：這社會性是人與人相交接——不是人以下的動物與動物相交接——所發展成的各種關係，它究竟有什麼特徵呢？它不正是人類所有而人類以下的東西所無，或僅具雛形的那些心靈活動麼？社會性不是一個特別的、簡單的、不可化爲其他形式的概念，而是一個很複雜很含混的概念。要想找出一條可算純粹的社會學的規律來，這是公認爲不可能的。這個事實就證明了我們的學說。一些不正確地叫做社會學的規律，如經剖析，就可看出它們或是經驗的歷史的記載，或是心靈的規律（即心靈活動的各種概念所轉變成的判斷），或只是空洞游離的泛說，如所謂進化律。有時社會性只指「社會規則」，那就是指法律了；這樣就把社會學和法律學混爲一事了。法律，社會性，以及類似的概念都應該用我們曾用來檢討分析歷史與技術的那個方法去處理。

宗教

宗教的活動好像是要另眼相看。但是宗教只是知識，和知識的其他形式並無差別；因爲它總不外是三件事：㈠實踐的希望和理想的表現（宗教的理想），㈡歷史的敘述（傳記），或㈢概念的科學（教條）。

因此，說宗教因人類和知識的進步而消滅，和說宗教是永遠存在的，都一樣有理。野蠻人的宗教就是他們的全部祖傳的知識產業，我們的祖傳的知識產業就是我們的宗教。內容是變過了、改善了、精微化了，在將來還要繼續地變、改善、更精微化；但是它的形式總是一樣。我們不懂得有一班人要宗教有什麼用處，他們想把宗教保存住，與人類認識的活動、藝術、批評和哲學同等並立；要把宗教那種不完善的低劣的知識，與已經超過它駁倒它的那種知識同等並立。這實在是不可能的。天主教是始終一致的，如果科學、歷史或倫理學和它的觀點和教義相衝突，它都不容忍。理性主義者卻沒有那樣始終一致，還願在他們的靈魂中留一點地位給那和他們的全部認識不相容的宗教③。

現時在理性主義者中間盛行的宗教的虛僞和弱點，都由於對自然科學有過分的迷信的崇拜。我們自己知道，而他們的重要的代表也承認，這些自然科學四圍全是限度。科學既被誤認爲與所謂自然科學是一件事，人們當然預料得到，限度以外的東西都要求之於宗教，這限度以外的東西也是人類心靈所不能放過的。所以我們要歸功於唯物主義、實證主義④和自

---

③「理性主義者」（rationalists）：基督教的神學舊分兩派：一派以為教會的一切信條，如《聖經》所載的話，都是上帝啟示給人的，人的理智不夠了解，只應相信：這普通叫做「神啟的宗教說」（revealed religion）。一派以為神啟的就是合理的，人的理智所可了解承認的，宗教是可用哲學說明的：這普通叫做「自然的宗教說」（natural religion）。後一派較新，流為理性主義派。在近代，這一派想用學理來打破宗教與自然科學的衝突。

④實證主義（positivism）：就是法國孔德所宣導的哲學。這派哲學以為人類進化必經神學的、形而上學的、實證科學的三階段，它放開最初因和最終目的諸問題不談。

然主義，才有宗教興奮這種不健康而且往往不誠實的復發病，這種病如果不落在政治家的手裏，就應該落在醫院裏。

形而上學

哲學消除了宗教的一切存在理由，它自己代替了宗教。在心靈科學的地位，哲學把宗教看成一種現象，一個過渡的歷史事實，一個可以跨過的心理狀態。哲學與自然科學、歷史、藝術四者分占了知識的領域。它把列舉事例、測量和分類讓給自然科學，把個別發生的事物的記載讓給歷史，把個別的可能的事物的表現讓給藝術，此外就沒有剩下什麼給宗教了。同理，哲學在心靈科學的地位，不能爲直覺資料的哲學；並且我們已經說過，也不能爲歷史哲學或自然哲學；所以世間沒有不研究形式與共相而只研究材料與殊相的那一種哲學的科學。這番話就無異於肯定了形而上學的不可能⑤。

---

⑤「形而上學」（metaphysics）：這字源於希臘文，原義為「在物理學之後」。亞里斯多德最初用這個名詞，他寫完「物理學」之後，把「物理學」所不能討論的一些關於宇宙全體原則大法的問題另寫成一書，叫做《形而上學》。它討論普遍性相，不討論諸科學所討論的感官經驗的個別事實。但是後世有人把形而上學看成諸個別科學的哲學，如歷史的哲學、自然科學的哲學之類。克羅齊不贊成這個辦法，以為歷史的哲學其實只是歷史的方法論，自然科學的哲學只是研究概念的邏輯和認識論；哲學只研究普遍原理，不研究特殊事實，所以不能與歷史及

歷史方法論或歷史的邏輯已代替了歷史哲學，自然科學概念的認識論已代替了自然哲學。哲學對於歷史所能研究的是歷史的建構形態（如直覺品、知覺品、憑證、合理性之類）；對於自然科學所能研究的是組成它們的那些概念的形式（如空間、時間、運動、數、類型、類別之類）。如果把哲學看成上述意義的形而上學，它就不免要求與歷史和自然科學爭地盤，而在歷史和自然科學自己的地盤上，只有歷史和自然科學才是合法的、有效的。人們想拿哲學和歷史和自然科學爭地盤，就不能有什麼結果，只顯出他們的無能。在這個意義上說，我們是「反形而上學者」，同時也宣告我們是「極端形而上學者」，這名稱是用來主張和肯定哲學功能就在心靈的自我察覺，以別於自然科學的功能僅是經驗的和分類的。

心裏的想像與直覺的理智

因爲形而上學要想與各門心靈的科學同等並立，它不得不肯定有一種特殊的心靈的活動作產生它自己（形而上學）的來源。這在古代叫做「心裏的或超級的想像」，在近代較常用

自然科學爭地盤，因此他自稱為「反形而上學者」。從黑格爾以來，「形而上學的」指與「辯證的」相對立的哲學方法。

的名稱是「直覺的理智」或「理智的直覺」⑥。據說它兼有想像與理智的性質，構成一個完全特殊的形式。人們假定這種直覺的理智是一種工具，可以借演繹法或辯證法，從概念轉到直覺，從無限轉到有限，從科學轉到歷史，使用一種據說可以同時兼用來研究共相與殊相，抽象與具體，直覺與理智的方法。這倒是一種頂值得有的神奇的機能；但是我們沒有這種神奇的機能，就無法確定它的存在。

神祕的美學

理智的直覺有時被認爲眞純的審美活動。有時又另有一種同樣神奇的活動被擺在它的旁邊，下面或上面，一種與單純直覺完全不同的機能。這機能是被頌揚過的。藝術的創造，或最少是勉強挑選出來的某幾類藝術的創造，據說是要歸功於它的。藝術，宗教和哲學，有時好像只是一個心靈的機能，有時又好像是三個不同的心靈的機能，它們中間有時是這一個，有時是那一個，在大家同享的尊嚴中稱霸。

---

⑥「直覺的理智」或「理智的直覺」（intuitive intellect or intellectual intuition）：理智與直覺像克羅齊所再三說明的，是兩種不同的認識活動，是理智的就不能同時是直覺的。但是從前哲學家（如康德是著例）認為人類心靈有「理智的直覺」一種機能，把兩種不同的認識活動合在一起，可能察覺本體。

我們把這種美學的觀念叫做「神祕的」⑦，它所取的或可能取的種種態度是數不清的。我們在這裏簡直不是置身於想像的科學境內，而是置身於想像本身境內，這想像採用印象與感受所供給的不同的材料來造成它的世界。我們只要指出一點就夠了：這個神祕的機能有時被認成實踐的；有時被認成認識與實踐中間的媒介物，有時又被認成與哲學、宗教並立的一種認識形式。

藝術的朽與不朽

人們有時從藝術與哲學、宗教鼎立這個看法推出藝術的不朽，因爲藝術和它的姊妹們都屬於絕對心靈的範圍。有時人們認爲宗教是可朽的，可以化爲哲學，因此又宣告藝術的可朽，甚至已死或臨死。這問題對於我們沒有意義，因爲藝術的功能既是心靈的一個必有的階段，問藝術是否能消滅，猶如問感受或理智能否消滅，是一樣無稽。但是上述意義的形而上學，既竄身於一個憑空設立的世界，我們毋庸從它的某些個別方面去批評它，正猶如我們毋

⑦「神祕的美學」（mystical aesthetic）：特別指新柏拉圖派的美學，重要的代表是普羅提諾（Plotinus 205—270）。

庸批評阿琪娜花園[8]的植物學，或是艾斯多弗[9]海程的航行術。我們要根本拒絕參加那玩藝兒，根本否定上述意義的形而上學，批評才可以存在。

所以在哲學中沒有所謂理智的直覺，猶如在藝術中也沒有和這種理智的直覺品相類似的東西，除掉意識所能察覺的心靈的四度以外，沒有什麼審美的理智的直覺。心靈沒有第五度（讓我們複述一遍）或一個最高的機能，無論是認識的，實踐兼認識的，想像兼理智的，理智兼想像的，或是其他我們可能想像到的任何一種機能。

---

[8] 阿琪娜花園：阿琪娜（Alcina）是義大利詩人阿里奧斯托（Ariosto, 1474—1533）的傑作《瘋狂的羅蘭》中的一個女巫，她住在一個妖園裏，把她的情人都變成禽獸木石。

[9] 艾斯多弗（Astolfo）：上述書中一個人物，遊過樂園和月球，在月球上找到地球所丟掉的東西，連羅蘭的神智在內。

第九章　論表現不可分為各種形態或程度，並評修辭學

藝術的各種性質

人們常把藝術的性質列成很長的目錄。本書既到了現階段，既把藝術作爲心靈的活動，作爲認識的活動，作爲一種特殊的認識活動（直覺的）研究過了，我們就可以見出那些繁複的判定藝術性質的話在實有所指時，不過是指我們已經見過的審美形式的類性、種性和個性①。可以化歸類性的，如前所述，是「整一」、「變化中的整一」、「單純」、「獨創」等性質，以及這些性質的字面的變相；可以化歸種性的是「眞理」、「眞誠」等性質；可以化歸個性的是「生命」、「活力」、「生動」、「具體」、「個性」、「特性」等性質。字面可以變來變去，卻不會貢獻什麼新的科學的眞理。表現本身的分析在上述一些結論中就已完全竣事了。

表現沒有形態的分別

在另一方面，這問題也許會起來：表現是否有各種形態或程度的分別？心靈的活動既分爲兩度，每度又各再分兩度，這再分成的度中之一，直覺的（即表現）度，是否可再分爲兩

① 「類性、種性和個性」（genera、species and individvality）：例如動物是類，人類是種，張三李四是個體。這裏認識的活動是類，直覺的活動與理性的活動各是種，每個直覺品是個體。

個或更多的形態，或再分爲表現的第一度，第二度，乃至於第三度呢？這樣繼續地再分是不可能的，直覺品（即表現品）的分類固可容許，卻不是哲學的：有幾多個別的表現的事實，就有幾多個體，這些個體除掉同爲表現品以外，彼此不能互換。用經院派的話來說：表現是一個種，本身不能再作爲類。印象或內容是常變化的：每一個內容與任何其他內容不同，因爲生命中從來沒有複現的事物；內容的變化無窮，正相當於表現的形式（即各種印象的審美的綜合）也變化無窮，不可分門別類。

翻譯的不可能性

與這道理相關的一個道理是翻譯的不可能性；如果翻譯冒充可以改造某一表現品爲另一表現品，如移瓶注酒那樣，那就是不可能的。在已用審美的辦法創作成的東西上面，我們如果再加工，就只能用邏輯的辦法；我們不能把已具審美形式的東西化成另一個仍是審美的形式。每一個翻譯其實不外㈠減少剝損，以及㈡取原文擺在熔爐裏，和所謂翻譯者親身的印象融會起來，創造一個新的表現品。就第一個情形說，表現品始終還是原文的那一個，翻譯既有幾分欠缺，就不是眞正的表現品；就第二個情形說，表現品確有兩個，但是兩個內容不同。「不是忠實而醜，就是不忠實而美」這一句諺語可以見出每個翻譯者所必感到的兩難之境。非審美的翻譯，例如字對字的翻譯，或是意譯，對於原文都僅能算注疏。

評修辭的品類

把表現品不正確地區分爲各級，這在文學中叫做雕飾說或修辭品類說②。不過在其他藝術中也有作同樣區分的嘗試：我們只需提及關於圖畫雕刻所常用的字樣如「寫實的」和「象徵的」形式之類。

「寫實的」和「象徵的」，「客觀的」和「主觀的」，「古典的」和「浪漫的」，「簡單的」和「雕飾的」，「本義的」和「譬喻的」，「譬喻詞的十四格」以及字與句的修辭格，「重複格」、「省略格」、「倒裝格」、「重疊格」、「同義格」、「同形異義格」等等——這些和其他確定表現品的形態或程度的字樣，如果要下明確的定義，就會顯出在哲學的立場上是空洞的，它們不是捕風捉影，就是妄誕無稽。舉一個代表的實例，比如「譬喻詞」的最普通的定義是：「用另一個字來代替本義字。」請問：何必要討這個麻煩呢？爲什麼要用非本義字代替本義字呢？明知有直路，爲什麼要繞彎路呢？也許像通常所說的，因爲本義字在某些情形之下，沒有所謂非本義字或譬喻詞那樣「富於表現性」。但是如果眞是如

---

②「修辭品類」（rhetorical categories）：修辭學在歐洲從古希臘到現在都是一門重要的學問。修辭學者喜歡把作品風格分類，古今中外皆然。我們只要記起鍾嶸的《詩品》，劉勰的《文心雕龍》以及司空圖的《二十四詩品》之類文學批評要籍，就可以明白修詞品類的重要性。在歐洲情形亦複如此。克羅齊承認這些品類名目在經驗上有它們的方便，但是否認它們在哲學上有任何價值。

此，那譬喻詞在那裏就恰是本義字，而所謂「本義」字就恰是「無表現性的」，所以也就是最不恰當的（最不本義的）。對於其他品類，我們也不難下同樣基於眞知灼見的評語。比如說「雕飾的」這個普通的品類，我們可以問：雕飾如何可以聯上表現品？從外面聯上吧？那麼，雕飾與表現品總是隔開的。從內面聯上吧？那麼，它有兩種可能，不是於表現品無益而有損，就是成爲表現品的一部分，那就不是雕飾而是表現的一個要素，在它的整一體中不能劃分和辨別。

修辭的種種辨別貽害很多，是用不著說的，修辭學雖常受攻擊，而人們所反對的只是它的後果，對它的原則卻仍謹守（這也許爲表明哲學立場的始終一致）。在文學中叫做「美文」或「修辭文」的那種惡劣的作品如果不由修辭學而猖獗，至少也是從它得到理論上的辯護。

修辭品類的經驗的意義

上述諸名詞我們都是從學校裏學習來的（只是從來沒有機會在嚴格的美學討論中用得著它們，至多只是拿它們開玩笑，帶點喜劇的意味），假如不是它們往往可作下列三種意義來用：㈠審美概念的同義語，㈡反審美概念的表示，㈢不用於藝術和美學而用於科學與邏輯學（這是它們的最重要的用法），它們就不會走出學校的範圍。

㈠這些品類名目用作審美事實的同義字

各種表現品，直接地、按實地看去，不能分類；但是它們有些是成功的，有些是半成功的，有些是失敗的。它們確有完善和不完善，成功和不成功的分別。上述各詞以及其他類似的字樣往往可以指成功的表現品以及各種失敗的表現品。但是它們的這個用法是極不一致，極隨便的，以至同是一字，有時用來稱讚完善的作品，有時又用來詆毀不完善的作品。

比如有兩幅畫，一幅沒有靈感，作者只呆笨地抄襲實物；一幅有靈感，但不很像實物；有些人會說前一幅是「寫實的」，後一幅是「象徵的」。另外有些人卻不然，看到一幅畫表現日常生活情景，很生動有情致，便說它是「寫實的」；另一幅畫只是一種枯燥的寓意畫，便說它是「象徵的」。在前一例中，「象徵的」顯然是指「藝術的」，「寫實的」是指「不藝術的」；後一例卻恰與此相反。難怪有些人熱烈地主張眞的藝術的形式必是象徵的，寫實的就不藝術；另一派人卻作完全相反的主張。我們只好承認雙方都對，因爲每方用同樣的字，卻用不同樣的意義。

關於「古典主義」與「浪漫主義」的大爭辯也往往起於這種字義的曖昧。有時「古典的」是指在藝術上是完善的，「浪漫的」則缺乏平衡，不完善；有時「古典的」是指枯燥的、做作的；「浪漫的」則爲純粹的、溫暖的、有力的、眞正富於表現性的。因此，站在「古典的」一邊反對「浪漫的」，或站在「浪漫的」一邊反對「古典的」，都很可能同樣有理。

「風格」一詞也有同樣的曖昧。有時據說每一個作者必須有風格；這裏風格即指表現的形式。有時又據說一部法典或一部數學著作的形式沒有風格，這又是犯了承認表現有各種形態的錯誤，以爲表現有雕飾的、有赤裸的；其實風格既是形式，法典與數學著作，嚴格地說，也必各有風格。有時我們聽到批評家們責備人「風格太多了」，或「照一種風格寫作」。這裏風格顯然不指形式，或某種形態的形式，而是指不正當的矯揉造作的表現，一種不藝術的形式。

(二) 它們用來指各種審美的欠缺

這些字樣和分別也有一個並非毫無意義的用處，例如討論一篇文學作品時，我們常聽到這樣的話：這是一個重複格，這是一個省略格，那是一個譬喻格，這又是一個同義格，或一個意義曖昧的字。意思就是說：這是犯了用許多不必要的字的錯誤（重複格）；這裏錯誤卻在用字太少（省略格）；這裏錯誤在用字不恰當（譬喻格）；這裏錯誤在用兩個像是說兩件事而實在只說一件事的字（同義格）；這裏恰恰相反，一個字像是說一件事而實在是說兩件不同的事（意義曖昧）。這些名詞這樣用來指責毛病，沒有前一條所說的那個用處那樣普通。

(三) 它們超出審美範圍而用於科學的意義

最後，修辭學的術語有時雖沒有如上所說的那種審美的意義，我們卻以為它們也並非毫無意義，所指的東西確實值得注意，那就是它們用於邏輯學和科學的意義。假定了一個作家對一個科學的概念本來自有一個固定的字來表示，但是他發見這字以外，還有其他的字是人們慣用來表示同樣意義的，於是他也偶爾用這些字。對於他本來自定作該意義用的那個固定的字而言，這些旁人慣用而他也跟著用的字當然就變成有譬喻、同義、省略之類的分別了。我們自己在本書就常用，而且還要用這種語言，用意在使人容易明白我們自己用的或旁人用的一些字的意義。但是這種用法在科學和哲學的批評討論中雖有價值，在文學和藝術的批評中卻毫無價值。科學裏有本義字也有譬喻字，同一概念可以在不同心理環境之下形成，所以也須用不同的語言來表現，可是一個科學家既已在這些不同的字樣中抉擇了某一個為恰當的，既已規定了他的科學的術語，於是一切其他的字就都是不恰當或借用的了。但是在審美的事實中只能有本義字：同一直覺只能有同一而且唯一的表現方式，正因為它是直覺而不是概念。

修辭學在學校裏

有些人雖承認修辭品類在審美的觀點上不存在，卻仍相信它們的效益，以為它們在研究文學的學校裏尤其有功勞。我們卻不能了解錯誤與混淆如何能訓練心智作邏輯的分辨，或是有助於爲它們所擾亂而且弄昏了的一門學問的教學。人們也許以爲這些分別，就其爲經驗的分類而言，可以幫助學習和記憶，像我們在前面關於文藝的種類所承認的。我們對這一層並不反對。修辭品類還另有一個目的須留在學校裏，就是留在學校裏受批評。過去的、錯誤的學說不宜忘掉不談，因爲各種眞理都要在和錯誤鬥爭之中，才能維持它們的生命。我們如果不把修辭品類加以說明和批評，它們就有復興的危險，我們不妨提及，它們正充作最新的心理學的發見，在一派語言學家中間復興起來了。

諸表現品的類似點

從上面的話看，我們好像想否認不同的表現品或藝術作品之中有任何類似點來聯繫。類似點確存在；根據這些類似點，我們才能把藝術作品安排在這個或那個組別裏。但是這些類似猶如在許多人中所可發見的類似點，不能看成有概念的定性。這就是說，這些類似純是所謂「一家人相像」，起於諸作品所由發生的歷史背景以及藝術家們中間的心靈相通的淵源；我們如果把同一、附屬、並行以及表示其他概念關係的字樣用到這些類似上面去，便不正確。

翻譯的相對的可能性

就因爲有這些類似點，翻譯才有相附的可能性；不作爲原表現品的翻版（這是翻譯所做不到的），而作爲類似的表現品的創作，與原文有幾分相近。好的翻譯是一種近似，自有獨創的藝術作品的價值，本身就站得住。

第十章　各種審美的感覺以及美與醜的分別

感覺一詞的各種意義

進一步來研究一些較複雜的概念，在這些概念中審美的活動須與它類事實合在一起看，並且來說明這些概念如何聯合或複雜化，我們首先就要討論「感覺」一個概念和一些叫做「審美的」感覺。

在哲學術語中，「感覺」是意義最豐富的一個字。我們前已遇見過它一次①，它是用來指在被動狀態的心靈，即藝術的素材或內容的許多名詞之一，所以它與「印象」同義。我們另有一次遇見過它②，意義卻完全不同，它是指審美的事實的非邏輯性和非歷史性，那就是純粹的直覺，是既不界定概念又不肯定事實的一種眞實。

感覺當作活動

但是感覺在本章不作上述那兩種意義用，也不作指心靈的其他認識形式那些意義用（它時常是這樣用的），但只當作一種特殊的心靈活動③，其性質是不關認識的，有「快感」和

---

① 「感覺」即feeling，參見第二十六頁注⑧。

② 審美事實的非邏輯性和非歷史性，見第三章，但是克羅齊在那裏並未用「感覺」這個名詞。

③ 心靈活動，原文只是「活動」（activity）。克羅齊以為只有心靈才有活動，活動即認識與實踐的總稱。它與「被動」對立，「被動」是「自然」的特徵，所以心靈與自然對立。被動是素材，活動才有形式，所以素材與形

「痛感」的正負兩極。

這個活動常使哲學家們很受窘，他們不是否認它爲活動，就是把它歸到「自然」裏，不把它擺在心靈的範圍之內。但是這兩個看法都有許多很大的困難，任何人如果仔細想過，都不會接受它們。因爲我們既然除非把活動當作心靈的性相，把心靈的性相當作活動，對於活動與心靈的性相就別無所知，所謂非心靈的活動或「自然的活動」究竟是什麼呢？這裏「自然」在定義上就只是被動的、惰性的、機械的、物質的。就另一方面說，否定感覺有活動的性質又絕對不行，現於感覺中的快感、痛感兩極就顯出具體的而且可以說是生動的活動。

感覺與經濟活動的統一

這個批判的結果應該使我們特別感到極大的困難，因爲在上文心靈系統的概要中，我們沒有留一個地位給我們不能否認的這個新活動。但是感覺的活動，雖是活動，卻並不是新的。在我們所略述概要的心靈系統中它本已分得地位了，不過另有一個名稱，那就是「經濟的活動」。叫做「感覺」的活動不過是我們曾認爲與倫理的活動有別的那一種較簡單而基本

式的對立，也就是自然與心靈的對立。這裏我們用心靈活動，以便讀者易於了解，讀者須記住克羅齊所謂活動都是心靈活動。

的實踐活動，它只是起於要達到私人目標的欲念和意志，不經過道德的決定。

評快感主義

感覺之所以往往被認成一種有機的或自然的活動，那是由於它不能與邏輯的、審美的或倫理的活動相混。從那三種活動（只有這三種是承認過的）的觀點來看，感覺像是不在眞正的心靈的範圍之內，幾乎只是一種自然的決定，或是心靈在未脫自然狀態時的決定。從這個看法，另一個常提出來的學說的眞理也可見出：就是以爲審美的活動，像倫理的和理智的活動一樣，並非感覺。感覺既已被默認爲經濟的意志，這個學說是不可反駁的。這學說所駁斥的是「快感主義」④。快感主義把一切心靈的形式都簡化成一種，而這一種形式也就因此沒有特性，變成一種曖昧的神祕的東西，如同「一切牛在深夜裏都顯得是烏黑的」。既然做到這步簡化和剝奪，快感主義者在活動中於是就只看見快感與痛感而看不見其他的東西。在藝術的快感與消化通暢的快感之中，在善良行爲的快感與張開肺腑呼吸清新空氣的快感之中，

④ 快感主義（hedonism）：要旨是人類行為都受快感與痛感的決定，不是趨樂，就是避苦。英國功利主義派哲學家邊沁和穆勒都提倡快感主義。在美學上快感主義把藝術所產生的快感與一般感官方面的快感混為一談。這種看法從古希臘到現在都有人主張。這字普通譯為「享樂主義」，帶有縱欲的意味，不妥。

他們都看不出有什麼重要的分別。

每種活動都有感覺陪伴

但是依本章所下的定義，感覺的活動雖不能代替一切其他形式的心靈活動，我們卻並非說它不能陪伴它們。它其實必須陪伴它們，因爲它們一方面彼此互有密切的關係，一方面又各與基本的意志的形式有密切的關係。所以它們各有個別的意志以及生於意志的叫做感覺的快感和痛感做陪伴。但是我們不應把陪伴混爲主體，以此代彼。眞理的發見，或道德責任的完成，都引起我們的歡欣，使我們整個生命震顫；我們因爲達到這兩種心靈活動的目的，同時也就達到這兩種活動在實踐上所趨赴的目的。不過經濟的或快感的滿足、倫理的滿足、審美的滿足、理智的滿足，四者雖如此相連，卻仍各各不同。

一個常問到的問題（這確實像是美學生死攸關的問題）也就因此得到解答：感覺與快感還是在審美事實之先，還是在後；是原因還是結果呢？我們須先把這問題放大，使它包括各種心靈活動中間的關係，然後回答說：在心靈的整一體中，我們不能談原因和結果和時序上的先後。

上文所說明的關係既已成立，審美的、道德的、理智的，甚至有時叫做經濟的，各種活動所伴的感覺性質如何，就不必研究了。就經濟的感覺而言，很顯然的那不是兩個而只是一個名詞，研究經濟的感覺勢必就是研究經濟的活動。就其餘三項而言，我們應注意的不是那名詞（感覺）而是那形容詞（審美的等等）：「感覺」之上有「審美的」、「道德的」和「邏輯的」說明它的性質，就可以說明它如何著色成爲審美的、道德的和邏輯的；至於孤立地研究感覺本身，就無從說明那些返光和著色。

感覺中幾個常見分別的意義

由此可以得出另一個結論：我們無需再保留一些著名的分別，例如價值或價值的感覺與只關快感不關價值的感覺的分別，無所爲而爲的快感與有所爲而爲的快感的分別⑤。客觀的感覺與非客觀的（即只是贊許或純快感的）主觀的感覺（可與德文gefallen與vergnügen的分別⑥參較）等等。這些分別原意在使眞善美三種心靈的形式不與第四種形式相混，這第四種形式究竟是什麼，還沒有人知道，所以游離不定，釀成許多笑話。在我們看，這三種形式就已完備了，因爲我們可以更直接地見出上述分別，如果把自私的、主觀

⑤「有所為而為的快感與無所為而為的快感」（interested and disinterested pleasures）：interest這字有實際利害的意義，關係實際利害，帶實用目的的活動是「有所為而為的」，不關係實際利害，不帶實用目的的活動是「無所為而為的」。這個分別是康德提出的，他認為審美只產生無所為而為的快感。

⑥德文gefallen與vergnügen的分別是被動與主動的分別，前者可譯「物使我怡悅」，後者可譯「自己怡悅」。

的、僅爲愉快的感覺也納入心靈的較有體面的幾種形式中去⑦，從前把價值的感覺與僅爲快感的感覺的對立，看成心靈性相與自然性相的對立（我們和旁人都這樣看過），以後我們就只把它看成價值與價值之中的分別了。

價值與反價值：對立面及其統一

感覺或經濟的活動如上文所說，分爲正負兩極，快感與痛感；這可以拿「有用的」與「有害的」兩詞來代替。這正負兩極如上文所說，是感覺的活動性的特徵，而且在一切形式的活動中都可見出。如果這一切形式的活動都是價值，它們就各有「反價值」和自己對立⑧。無價值不一定就是反價值，要有反價值，必須活動與被動互相掙扎，互不相下；因此這種迷惑不知所措的受阻礙的活動就現出矛盾與反價值。價值是自由生展的活動，反價值則與此相反。

對這兩個名詞既下了這個定義，我們就可安心了，無需再進而討論價值與反價值的關

---

⑦ 指上文所說的真善美。

⑧ 「價值」（value）與「反價值」（antivalue）：例如「善」是價值，「惡」便是它的反價值。心靈活動自由發展，則有成功的表現、理解或道德行為，即有價值；它與被動矛盾衝突而不能克服，則有不成功的表現、理解或道德行為，即有反價值。

係，即諸對立面的問題（那就是它們是否應作兩元的去看，看作兩個實在或兩類實在，如同善神與惡神、天仙和魔鬼，互相仇視，或是看作一個統一體，統一體其實也含對立面）。我們的目的在闡明審美活動的性質，而且目前在闡明美學中一個最曖昧最惹爭辯的概念，即美的概念，價值與反價值兩詞如上定義已經夠用了。

美當作表現的價值或乾脆地當作表現

審美的、理智的、經濟的和倫理的價值與反價值，在流行語言中有各種稱呼，例如「美」、「眞」、「善」、「有用的」、「方便的」、「公平的」、「正確的」等等，指心靈活動的自由生展，即成功的行動，科學研究，和藝術創造；「醜」、「僞」、「惡」、「無用的」、「不方便的」、「不公平的」、「錯誤的」等等，指迷惑的失敗的活動。這些字在語言習慣上不斷從某一類事實移用於另一類事實。例如「美」不但用來指成功的表現，而且也用來形容科學的眞理、成功的行動和道德的行動，例如說「理智的美」、「美的行動」、「道德的美」。要想適應這些變化無窮的習慣用法，就會闖進字面主義的迷途，許多哲學家和美學家們都曾這樣迷過路。因爲這個道理，我們一直到現在都小心避免用「美」字來指成功的表現這種正價值。但是既經許多說明，誤解的危險已消滅了，而且我們也看得出，在流行語言中與在哲學中，占勢力的傾向是把「美」字的意義限用於審美的價值，所以我們覺得以「成功的表現」作「美」的定義，似很穩妥；或是更好一點，把美乾脆地當作表現，不加形容字。因爲不成功的表現就不是表現。

醜、醜中之美的因素

因此，醜就是不成功的表現。就失敗的藝術作品而言，有一句看來似離奇的話實在不錯，就是：美現爲整一，醜現爲雜多。所以我們常聽到有幾分是失敗的藝術作品的「優點」，這就是其中「一些美的部分」；完美的作品就沒有這種情形，我們不能列舉它們的優點，指出某某部分爲美，因爲它們既是完整的融會，通體就只有一種價值。生命流注於全體，不退縮到某某個別部分。

不成功的作品可以有各種程度的優點，甚至於最卓越的優點。美並沒有程度上的差別，所謂較美的美，較富於表現性的表現，較恰當的恰當，是不可思議的。醜卻不同，它有程度上的差別，從頗醜（或幾乎是美的）到極醜。但是如果醜到極點，沒有一點美的因素，它就因此失其爲醜，因爲它沒有藉以生存的矛盾[9]。反價值就會變成無關價值，活動就會讓位給

[9] 極醜失其為醜，醜是一種反價值，起於活動與被動的矛盾，極醜則活動消失，全是被動，沒有矛盾，它就不是對價值而言的反價值，只是無關價值（non-value）。

被動，不和它爭鬥；有活動與被動對抗，才有矛盾衝突。

不美不醜的表現品不存在

分別美醜的意識所根據的是審美活動藉以發展的衝突與矛盾，因此當我們從最繁複的表現品遞降到簡單的以至於最簡單的表現品時，分別美醜的意識當然就逐漸薄弱以至完全消失。於是有一種錯覺因之而起，以爲有些表現品，即得來不費工夫，容易而自然的表現品，是不美不醜的。

真正的審美的感覺以及陪伴的或偶來的感覺

美與醜的奧妙都可以納在「成功的表現」和「不成功的表現」這兩個平易的定義裏面。如果有人反駁說：世間有些完善的審美的表現品不引起快感，而其他甚至是失敗的表現品卻能引起極大的快感；我們就要奉勸他們集中注意於審美的事實，於眞正的審美的快感。審美的快感往往爲起於題外事實的快感所加強，或則無寧說，所夾雜；這些快感只是偶然與審美的快感夾在一起。詩人或其他藝術家在初次見到（直覺到）他的作品，在他的印象獲得形式，而他的面孔放射出創造者的神聖的喜悅的時候，他所感到的就是純粹的審美的快感。就另一方面說，一個人做了一天工作，進戲院去看喜劇，他所嘗到的就是一種混合的快感：休息與娛樂的快感，笑著在他的棺材上拔去一根釘似的快感，這種快感只是劇作者與演劇者的來自藝術的眞正審美快感的陪伴。一個藝術家工作完成時，看著自己的工作所生的快感也是如此，在眞正的審美的快感之外，他還嘗到一種完全不同的快感，由於沾沾自喜的心情得到滿足，甚至想到他的作品所能得到的經濟的利益⑩。

評外表的感覺說

在近代美學中還另設一類審美的感覺，叫做「外表的感覺」⑪；它們不起於形式，不起於藝術作品本身，而起於作品的內容。人們常說：藝術的表象所引起的快感與痛感有無數變

---

⑩ 這段主旨在說明審美的快感與非審美的快感的分別。審美的快感起於見到成功的表現，非審美的快感起於實用需要的滿足，例如有些顏色使我們生快感，完全由於它適合生理要求或喚起愉快的聯想，青色就是如此，眼睛喜看青色，因為它的刺激適合眼睛的組織，而且喚起田園寧靜新鮮的聯想。這不能算是審美的快感。在一幅畫中青色是一個完整諧和的形象之中一個因素，有表現性，才能映起審美的快感，近代實驗美學的一個根本錯誤在於忽視這個分別。

⑪ 「外表的感覺」（apparent pleasures）也許叫做「同情的感覺」（sympathetic pleasures）還更妥當。例如看《水滸》武松打虎一段，未把虎打殺以前我們和武松一樣提心吊膽，既把虎打殺，我們和他一樣興高采烈。這些都是實際生活中的感覺沖淡了的。

化。我們陪著戲劇或小說中的人物，圖畫中的形體，或音樂的曲調一齊焦急發抖、歡欣鼓舞、膽戰心驚、笑、哭或想望。但是這些感覺卻不像藝術之外實際生活所當引起的感覺那樣；或則說，它們和實際生活的感覺在性質上相同，不過在分量上是沖淡了的。審美的外表的快感和痛感看來是較輕微些、浮淺些、流動些。我們在這裏無需討論這些「外表的感覺」，理由是我們已經討論得很多了；一直到現在，我們都在討論它們。它們究竟是什麼呢？可不就是一般感覺經過物件化，經過直覺和表現麼？它們當然不能像實際生活中的感覺那樣熱烈生動地攪擾我們，因爲那些感覺是素材，而它們是形式、是活動；那些感覺是眞正生活中的感覺，而它們是直覺品、表現品。「外表的感覺」一詞，在我們看，不過是一個贅詞，我們可以毫無顧忌地把它一筆勾銷。

第十一章　評審美的快感主義

快感與痛感本寓於一切經濟的活動，而且陪伴著一切其他形式的活動。一般的快感主義就從此出發。我們反對這個學說，因爲它把能容者與所容者①混爲一事，除快感的作用以外不承認其他作用；因此我們也就反對這個學說的一個支派，審美的快感主義；這雖不把一切活動，至少把審美的活動，看成只是一種感覺②，而且把產生快感的表現品（這就是美的東西）和只是產生快感的（美感以外產生快感的）東西相混。

評美與高等感官的快感的混淆

審美的快感主義的看法有幾種。一個最古的看法是把美的東西看作凡是可使耳目，即所謂「高等感官」，發生快感的東西。從前人開始分析審美的事實時，總難免把一幅畫或一曲樂看成視覺或聽覺的印象那一個誤解，並且很難正確地解釋瞎子不能欣賞畫，聾子不能欣賞音樂那一個淺顯的事實。審美的事實並不依靠印象的性質，任何感官的印象都可以提升到審美的表現，卻不一定就必須提升到審美的表現。要把這番道理顯示出來，像我們所顯示的，頗非易事，只有把這問題的一切其他可能的學說都試過以後，才會見出這道理。任何人主張

---

① 能容者指各種心靈活動，所容者指痛快感覺。
② 這就無異於不承認有一種特殊的活動為審美的活動。

審美的事實就是使耳目生快感的東西，都無法辯駁另一派人的主張，以爲美的東西就是一般產生快感的東西，烹調術，或是（像有些實證主義者所稱呼的）「胃口美」，也應包括在美學裏。

評遊戲說

遊戲說③是另一種審美的快感主義。遊戲這個概念往往可助人了解表現的活動性：據說人在未開始遊戲時，還不眞正地是人（在開始遊戲時，他才把自己從自然的機械的因果律解放出來，作心靈的活動），人類最初的玩藝就是藝術。但是「遊戲說」既也指發洩身體的富裕精力所產生的快感（這是一種實踐的事實），它就不免要承認任何玩藝都是審美的事實，或承認藝術就是一種玩藝，因爲像科學和任何其他東西，藝術也可以作爲玩藝的一個節目。只有道德不能起於遊戲的意志（道德永不會被人認爲起源於遊戲），相反地，遊戲的行動卻要受道德的節制。

③「遊戲說」（the play theory）：發源於德國詩人席勒（Schiller 1759—1805）主旨在以為藝術與遊戲相同，都是過剩精力發洩於自由活動。後來英國學者斯賓塞（Spencer 1820—1903）也主張遊戲說。

評性慾說與勝利說

最後，有些人設法把藝術的快感看成性慾的快感的迴響，還有些最近的美學家很有把握地把審美的事實溯源到征服和勝利的快感，或是像另一些人所補充的，溯源到男人要征服女人的慾念④。這個學說還有許多關於野蠻風俗的傳聞作證，那究竟有多少可靠，只有天知道！其實並不必求證於野蠻人，在普通生活情況中，我們就常看到詩人們用他們的詩作自己的裝飾，像公雞聳冠，火雞張尾那樣。但是任何人這樣做，就他這樣做來說，就失其爲詩人，變成一個可憐的傻瓜，一個像公雞、火雞的傻瓜，而且征服女人的慾望也與藝術毫不相干。這種學說不正確，正猶如看到從前有宮廷詩人，而現在也有賣詩幫助生活，縱然不完全靠賣詩過活的詩人，就說詩是「經濟的」產品。這種推理和定義已替唯物史觀吸引了一些熱烈的信徒。

---

④ 奧地利心理學家佛洛伊德是性慾說的著名的宣導者。他以為性慾本能最強，受道德、宗教、法律等等社會力量的壓抑，於是沉到潛意識裏去；力量仍在，時圖爆發，文藝把這種潛力引導發洩於社會所允許的途徑。勝利說的宣導者是佛洛伊德的弟子阿德勒（Adler），要旨在人發覺自己有缺陷，便起「在上意志」（the will to be above）或「男性的抗議」，不但把缺陷彌補起來，而且還超過沒有缺陷時所能做到的程度。

評同情說的美學。內容與形式在同情說中的意義

另一個不像前一說那樣粗俗的思潮把美學看成研究同情的科學，研究凡是我們所同情的，凡是能吸引、能引起歡欣、能引起快感和讚賞的東西。但是同情的東西不過是引起快感的東西的意象或表象。唯其如此，它是一個複雜的事實，其中有一個不變的因素，即表象的審美的因素，有一個變動的因素，即由種種不同價值所產生的無數種類的快感的因素。

在日常語言中，人們常不願意把一個表現品稱爲「美的」，除非那個表現品是表現同情的。因此，美學家和藝術批評家的見解與尋常人的見解常相衝突，尋常人很難相信苦痛和卑鄙的形象能夠美，或至少懷疑這種形象有資格可以和產生快感的善的事物的形象比美⑤。

如果我們分出兩種科學，一個研究表現，一個研究同情；如果同情的東西不像我們所說的那樣複雜而是特種科學的研究物件；上述衝突也許可以化除。如果把重點放在表現的事實，它就歸入美學，即表現的科學；如果把重點放在產生快感的內容，我們就回到關於本質是快感的（功利的）事實的研究，不管這些事實如何複雜⑥。還有一種主張把內容與形式的關係看成兩種價值的總和，那也可以溯源到同情說。

---

⑤「同情說的美學」（the aesthetic of the sympathetic）主張藝術的題材須能引起觀衆的道德的同情。十八世紀英國伯克（E. Burke）是同情說的代表。

⑥這段主旨在反對把道德的同情所生的快感與審美的活動所生的快感混為一事。

審美的快感主義與道德主義

上述諸學說都把藝術看成只關快感的事物。但是審美的快感主義是站不住的，除非它結合上一般的哲學的快感主義，不承認快感之外有任何其他形式的價值。哲學家們若是承認一個或一個以上心靈的價值，如眞理或道德，他們每遇到下列問題必須提出時，就不大肯接受這種快感主義的藝術觀。這些問題是：藝術應做的事是什麼？它應該有什麼用處？它所生的快感是否可以放縱呢？到什麼程度爲止呢？如果美學當作表現的科學，「藝術目的」這個問題是不可思議的，如果美學當作同情的科學，這個問題就有一個明顯的意義，需要解答。

道學否定藝術，教書匠辯護藝術

解答顯然只有兩種，一種是完全反對藝術的，一種是對藝術要加限制的。頭一種可以叫做「道學的或苦行者的」答案，在思想史上雖不常見，卻也見過幾次。它把藝術看成感官的麻醉劑，所以不但無用而且有害。我們應該竭力使人類心靈解脫藝術的騷擾。另一個答案可以叫做「教書匠的或道德兼功利的」答案，它收容藝術，但是要它合於道德的目的，用純潔的快感推助人向作者所指的眞與善兩條路走，要它在裝智慧與道德的杯口上塗上甜蜜。

如果把教書匠的看法分爲兩種，一種是理智主義的，以藝術的目的在引人向眞；一種是道德兼功利主義的，以藝術的目的在引人向實踐的善，這種分別卻是錯誤的。勉強把教育職責加給藝術，既是一個預求預計的目的，就不復純是認識的事實，而是認識的事實變成實踐行動的根據；所以它不是理智主義而是教訓主義與實用主義。其次，教書匠的看法也不能分爲純粹功利主義的和道德兼功利主義的兩種，因爲人們若是只承認個人的滿足（個人的欲望），他們就是快感主義者，正因爲他們如此，他們就無需替藝術尋出一個究竟的目的。

我們討論到現階段，解釋了這些學說，就無異於駁倒了它們。我們只需說：在教書匠的藝術觀之中可以尋出另一理由，說明何以有人錯誤地主張藝術的內容必經選擇，以求達到某些實踐的效果。

評純美說

藝術只關「純美」說有時被人提出來反對快感主義的與教書匠的美學，而且爲藝術家所熱烈贊許：「上天把我們的一切歡樂都放在純美裏，詩就是一切。」⑦如果這一說是指藝術不應與感官的快感（功利的實用主義）相混，也不應與道德的實踐相混，則我們的美學就應該可以戴上「純美的美學」一個頭銜。但是如果它是指（它實在常指）什麼神秘的、超經驗的、我們可憐的人類世界所不知道的、精靈的、神佑的東西，而不是表現，則我們必須回答

⑦ 義大利詩人鄧南遮（Gabriele d'Annunzio 1864—1938）的話。

說：我們既然認為純美是心靈的表現，就不能想像到有哪一種美比這更高，更不能想像到美可以沒有表現，美可以脫離它本身。

第十二章　同情說的美學和一些假充審美的概念

假充審美的概念和同情說的美學

同情說曾引生一系列的概念，使它們流行於各派美學中（兩種影響對它推波助浪，一是全憑幻想的形而上學的帶神秘色彩的美學，一是假定在同一作者在同一著作中隨便擺在一起的東西之中有邏輯的關聯那一個盲目的傳統看法），我們只需列舉這些概念，就可以見出我們在本書中要堅決駁斥它們的道理。

這些概念的目錄甚長，簡直數不完：悲劇的、喜劇的、雄偉的、起憐憫的、動人的、可笑的、悲傷的、愁慘的、悲喜劇夾雜的、詼諧的、雄壯的、尊嚴的、鄭重的、嚴肅的、有氣派的、高貴的、裝飾的、秀美的、有吸引力的、激烈的、嬌媚的、田園的、哀婉的、怡適的、暴烈的、直率的、酷虐的、卑鄙的、可惡的、可嫌的、可怕的、令人作嘔的，這個名單可以任意拉長。

因爲同情說以喚起同情的東西爲特殊物件，它當然不會忘記這一類東西的一切變種，一切混種和一切等級，從喚起同情的東西最高貴、最強烈的表現，一直遞降到它的相反者，起反感的和起嫌惡的東西。起同情的內容既然被認爲「美」，起反感的內容既然被認爲「醜」，一些變種（如悲劇的、喜劇的、雄偉的、起憐憫的之類）對於這種美學就形成在美與醜之中的各種等級與各種細微差別了。

評藝術醜與征服醜的學說

同情說的美學既盡其所能，列舉這些變種，而且把它們下了定義，於是就來討論醜在藝術中應占什麼位置的問題。這問題對於我們卻沒有意義，我們不承認有醜，只承認有反審美的，或不表現的，這永遠不能成爲審美的事實的一部分，因爲它是審美的事實的對立面。但是在我們所批評的這個學說中，這問題的提出與討論就足見在它所根據的、謬誤的、有毛病的藝術觀（把藝術簡化爲起快感的事物的表象）與範圍較大的、眞正的藝術觀之中，有設法調和的必要。因此它勉強設法確定某些「醜」（起反感的）的實例，爲什麼理由，用什麼方法，可以容納到藝術的表現裏面去。

它的答案是：醜先要被征服，才能收容於藝術，不可征服的醜，例如「可嫌的」和「令人作嘔的」，就不能收容於藝術。還有一層，醜容納於藝術時，它的職責在借反稱來加強美的效果（美的就是起同情的），起快感的事物借這些反稱而顯得更有力，更叫人歡喜。快感來在禁戒與苦痛之後，愈見得強烈，這本是老生常談。所以醜在藝術中也被看對於美有功效，它對審美的快感是刺激劑和調味劑①。

同情說的美學倒塌了，那個改良的快感主義，稱呼很堂皇的「醜的征服」說，以及上述

① 醜被征服以後才能收容於藝術，產生「雄偉的」、「喜劇的」之類印象，這是十九世紀德國學者佐爾格（Solger 1780—1819），梵依斯（Weisse 1726—1804）諸人的主張。

那些與美學毫不相干的一些概念的名目和定義，也就隨之倒塌了。美學不承認有起同情的、起反感的，以及它們的變種，它只承認有表現那種心靈的活動。

各種假充審美的概念屬於心理學

不過上述那些概念在許多美學著作中既占過重要的地位，我們就應對它們的性質作一個較詳盡的說明。它們應該有什麼樣的地位？從美學中排出了，它們應該被哪一部門哲學容納呢？

它們實在無地可容身，因爲它們都沒有哲學的價值。它們不過是一些分類，這些分類可以用極不一致的方法去分，也可以隨意增加，來把人生的一切價值與反價值的無窮組合與分別都歸納到一起。它們之中也有些具有特別積極的意義，例如美的、雄偉的、弘大的、莊嚴的、鄭重的、重大的、高貴的、感發興趣的之類；有些只具有主要的是消極的意義，例如醜的、起痛感的、可惡的、可怕的、過大的、奇怪的、枯燥的、誇張的之類；也有些具有混合的意義，例如喜劇的、溫柔的、愁慘的、詼諧的、悲喜劇夾雜的之類。這種複合是無窮的，因爲個別事物是無窮的；因此，我們無法建立這些概念；除非用自然科學的勉強求近似的方法，把它們既不能悉舉又不能以哲理思考了解和征服的那個實在界，儘量作最妥善的分類。心理學既是一種自然科學，任務在就人的心靈生活建立一些類型與系統（這個科學的性格純粹是經驗的與描寫的，現在已日漸明顯了）。上述諸概念既不屬於美學，又不屬於一般哲學，就只好交給心理學了。

這些概念不能有嚴格的定義

上述諸概念，像一切其他心理學的建構一樣，不能有嚴格的定義，因此也就不能互相推演，由此得彼，也不能聯絡成爲一個系統。儘管有人常作這樣企圖，也總是浪費時間而得不到好結果。替它們下哲學的定義既已公認爲不可能，就是退一步找公認爲眞確的經驗的定義也還是不可能，因爲經驗的定義總不是唯一的而是無數的，隨下定義的情形和目的而異，不能爲某一單獨事實下一單獨定義，很顯然，如果只有一個唯一的定義有眞理的價値，它就不是經驗的定義而是嚴格的哲學的定義了。就事實說，上述諸名詞中隨便哪一個每次被人運用時，同時也就被人給了一個明白說出的或是默認的新定義。這許多定義彼此相較，在某一點上總有些差別，儘管差別很微，每一定義總是暗中針對某一個別事實，本來只是當時注意所及的特殊物件，卻被提升到一個普遍類型的地位；所針對的個別事實不同，定義也就因而不同。因此，這些定義中沒有一個能使作者或聽者滿意。因爲過了一些時候，他又碰見一個新事例，看出原來那個定義用到這上面來，多少有一點不夠、不恰當，需要略加修改。所以我們應讓作者或說話者自由替雄偉的、喜劇的、悲劇的或詼諧的諸詞下定義，隨當前的時宜，適應當前的目標。如果要一個有普遍性的經驗的定義，我們只能提出這樣一個：雄偉的（或是喜劇的、悲劇的、詼諧的等等）就是由已用或將用這些字眼的人們這樣稱呼它或將要這樣稱呼它的一切事物。

實例：雄偉的、喜劇的、詼諧的諸詞的定義

「雄偉的」是什麼呢？一種驚人的道德力量的不期然而然的出現：這是一個定義。但是另一個定義對於雖是驚人的而卻是不道德的、破壞力量的出現，也承認它是雄偉的。這也並不比前一個定義差。這兩個定義都含混而不精確，須等到一個具體的情境，有一個實例，才能把「驚人的」和「不期然而然的」所指的意義弄明白。它們都是量的概念，但是「量」也並不準確，因爲沒有方法可以測量它們：它們骨子裏都是譬喻詞，或是邏輯的贅詞②。

「詼諧的」可以下定義說是淚中的笑，苦笑，從喜劇的到悲劇的或從悲劇的到喜劇的那種突然轉變，浪漫式的喜劇的，雄偉的反面，對於每一種作僞的企圖宣戰，想哭而又害羞的憐憫，不針對事實而針對理想本身的笑。在這許多定義以外，你若樂意，還可以增加，看你怎樣要借你所給的定義，來見出這個詩人或那個詩人，這首詩或那首詩的特殊面貌；這面

② 「雄偉的」（the sublime）：討論「雄偉」的學者以伯克、康德、黑格爾諸人為最著。

貌，就它的特殊性來說，就是它本身的定義，雖是暫時的。有限定範圍的定義，卻是唯一恰當的定義③。

「喜劇的」定義有人這樣下過：看到一種離奇古怪的東西起不快感，心裏馬上就有較大的快感接著來，由於本來期待看到一種重要事物而呈緊張狀態，可是後來並沒有看到這種重要事物，心力因此弛懈。比如說，在聽一個故事，描寫某人有意要做一件偉大的英雄事蹟，我們在想像中預期一個偉大的英雄行動發生，於是集中心力準備著看它。可是突然間來的不是那偉大的英雄行動，像故事的開頭和它的語氣讓我們所預期的，而是預料不到的變成一種渺小、卑鄙、愚蠢的行動，毫不能滿足我們的預期。我們算是受了騙，這騙的發覺帶來一陣不快感。但是這一陣不快感好像被馬上接著來的東西征服了：我們從此可以弛懈我們的緊張的注意，把原來的積蓄起來的而此後用不著的心力放鬆，自覺輕鬆而愉快。這就是喜劇和它的生理上的陪伴——笑——所生的快感。如果已發生的那件不愉快的事損害我們的利益，那就沒有快感，笑就會馬上悶住，心力就會被其他較重大的發覺拉得緊張，過度緊張。如果這種較重大的發覺不出現，而全部損失不過是我們的預先揣度略受欺騙，則有心力富裕的感覺跟著來，很夠賠償這輕微的失望。關於喜劇的一個最正確的近代的定義，用很少的話說

---

③「詼諧的」（the humorous），普通譯為「幽默」。

出來，就是如此④。這定義自誇能包括過去許多喜劇的定義，加以證實或修正，例如古希臘到現代，從柏拉圖在《菲力帕斯》對話裏所下的定義⑤，更較明白的亞里斯多德的定義（這把喜劇的看成「沒有痛感的醜」）⑥，到霍布斯的定義（這把它認成自己優於旁人的感覺）⑦，康德的定義（這把它認成緊張的弛懈）⑧，以及他人所提議的定義（這把它看成大與小，有限與無限等等的衝突）⑨。但是仔細一看，上述分析和定義在外表上雖很詳盡精確，而所列舉的諸特性則不僅可適用於喜劇的，也可適用於一切心靈的作用，例如痛感與快感的承續交替，以及意識到力量和它的自由擴張所生的愉快。上述定義只借一些不能確定限度的分量上的定性來作分別，所以它們仍是一些含混的字眼，要看所指的某某特殊的喜劇的事實，以

---

④「喜劇的」（the comic），這裏的定義雖是綜合的，大體上是康德和叔本華的學說。

⑤見柏拉圖的《菲力帕斯》（Philebus 47—50），「拿朋友的愚蠢作笑柄時，我們一方面有妒忌所伴的痛感，一方面又有笑所伴的快感。」

⑥見亞里斯多德的《詩學》（Poetics 1449：32—35）：「喜劇描寫人們比常人壞些，壞並非指任何一種和每一種過失，只是指一個特種的過失，就是可笑的，這原是醜的一種；醜就是一個誤失或殘缺，對旁人不生痛感或傷害的。」

⑦霍布斯（Thomas Hobbes 1588—1679）：英國哲學家，主張人性本惡，在他的名著《人性論》裏說：「笑的情感只是在發見旁人的弱點或自己過去的弱點，突然念到自己的某優點所引起的『突然榮耀』的感覺。」

⑧見康德的〈審美判斷力的批判〉：「一種緊張的期望突然消失，於是發生笑的情感。」

⑨這是十九世紀德國美學家李蒲斯（Theodor Lipps 1851—1914）的看法。

及說話人的心理狀態，才能見出幾分意義。如果以太認眞的態度對付這些定義，那就不免像讓·保爾[10]關於一切喜劇的定義所說的話：那些定義的唯一的好處就在「它們自己是喜劇的」，他們無法用邏輯的方法下喜劇的定義，於是在實在界中造成喜劇的事實。誰會用邏輯的方法定一個界線，來劃分喜劇的與非喜劇的，笑與微笑，微笑與嚴肅呢？或是把生命所流注的有差別而卻又相銜接的整體，割成無數分得清楚的部分呢？

這些概念與審美的概念的關係

盡可能地區分爲上述那些心理學的概念的那些事實，除掉兩點以外，與藝術毫無關係：第一點是普遍的，就是那些事實全體，就其爲人生的材料而言，都可以成爲藝術表現的物件；第二點是偶然的，就是審美的事實往往也能成爲上述那些心理作用的對象，例如像但丁或莎士比亞那樣大的藝術家的作品可以引起雄偉的印象，而一個庸俗作家的嘗試可以引起滑稽的印象。

但是這裏的心理作用也與審美的事實無關，審美的事實只關審美的價值（即美與醜）

---

⑩ 讓·保爾（John Paul 1763—1825）德國小說家，以詼諧著名，有專著論美學。

的感覺。但丁所描寫的法利那太[11]在審美的觀點看是美的；如果這位角色的意志力也顯得雄偉，或是但丁所給他的表現，由於他的偉大的天才，比起能力較薄弱的詩人的表現，顯得雄偉，這些都出乎審美的看法範圍之外。我們再申述一句：審美的看法始終只關心表現是否恰當，這就是說，它是否美。

⑪ 法利那太（Farinata）：但丁的《神曲．地獄》的一個角色。他生前是佛羅倫斯的保皇黨的首領。

第十三章　自然與藝術中的「物理的美」

審美的活動與物理的概念

審美的活動雖與實踐的活動不同，而它的表現卻總是伴著實踐的活動。因此它有它的功利的與快感主義的方面；有快感與痛感，即審美的價值與反價值（美與醜）在實踐方面的迴響。但是審美活動的這個實踐的方面也有一種「物理的」或「心理與物理相混的」陪伴，如聲音、音調、運動、線條與顏色的組合等等①。

審美的活動眞正有這物理的方面呢，還是僅僅好像有這一方面，由於研究它時，我們援用物理科學所建立的觀念，以及我們屢經表明只是經驗的抽象的科學才用的那些有用而卻牽強的方法呢？我們的答覆是毋用遲疑的，我們必須贊成第二個假定。不過我們無妨暫置此點不論，目前並無必要對此點作更詳盡的探討。只提它一下，我們就可以（爲簡單明瞭和依照普通語言習慣起見）暫把這物理的成分看作一種客觀存在的東西，免得對於心靈、自然以及心靈與自然的關係諸概念作匆促的結論。

① 這就是通常所謂「藝術的媒介」（medium），即表現的手段，克羅齊把它們看成「物理的」（physical）東西，不屬於審美活動或表現。

表現：審美的意義與自然科學的意義

另一方面我們須作一個重要的說明：正如由於每個心靈活動都有快感主義的方面，人們便把審美的活動混爲有用的或愉快的活動；這物理方面的存在，或則毋寧說，建立這物理方面的可能，也使人把審美的表現混爲自然科學意義的表現，把一個心靈的事實混爲一個機械的事實（不消說，把一個具體的實在混爲一個抽象的或虛構的東西）。在日常語言中，有時只有詩人的文字，音樂家的樂曲，或畫家的圖形，叫做「表現」，有時羞愧所常伴著的面赤，恐懼所常有的灰白面色，或怒時的咬牙切齒，快樂時的目光閃爍和口腮筋肉的某種運動，也叫做「表現」。我們也說，某度數的熱是寒熱病的「表現」，風雨表的下降是雨的「表現」，甚至於說匯兌率高「表現」國家紙幣的貶值，社會不安「表現」革命的來臨。我們很可以想像到，像這樣順從文字的習慣用法，把這樣分歧的事實彙集在一起，我們會得到什麼樣的科學的結果。事實上一個人因盛怒而流露的怒自然表現，和一個人依審美原則把怒表現出來，中間有天淵之別；一個人死了親人而悲痛號啕，和他於「痛定思痛」時描寫他的悲痛；情緒流露的自然姿態，和一個演員的扮演，也是如此。達爾文的《人與獸的情緒的表現》②一書並不是美學著作，因爲心靈表現的科學與診斷學（無論它是醫學的、氣象學的、

② 達爾文的《人與獸的情緒的表現》（The Expression of the Emotions in Man and Animals）：一八七五年出版。達爾文用「表現」一詞是取克羅齊所謂「自然科學的意義」。「表現」一詞的意義大要有三種：第一即這個

政治的、面相術的或手相術的）之中並沒有共同點。

自然科學意義的表現之中簡直就沒有心靈意義的表現，這就是說，它沒有活動性與心靈性，因此就沒有美醜兩極。它只是抽象的理智所定的一種因果關係。審美的創作的全程可以分爲四個階段：一、諸印象；二、表現，即心靈的審美的綜合作用；三、快感的陪伴，即美的快感，或審美的快感；四、由審美事實到物理現象的翻譯（聲音、音調、運動、線條與顏色的組合之類）。任何人都可以看出眞正可以算得審美的，眞正實在的，最重要的東西是在第二階段，而這恰是僅爲自然科學意義的表現（即以譬喻口氣稱爲「表現」的那種方便假立）所缺乏的③。

表現的歷程盡於這四個階段；除非它重新開始就新的印象，作新的審美的綜合，產生新的陪伴。

「自然科學的意義」，如面紅耳赤是羞的表現：表現等於流露，不經過心靈的造作。第二即一般所謂「傳達」，把審美活動借物質的媒介外射於可以使旁人見聞的作品，比如說把心裏要說的話藉文字「表現」出來，這個用法最普通。第三即克羅齊所說的表現，這和直覺、審美的活動，心靈的審美的綜合，藝術創作等詞實在都是同義，即通常所謂「腹稿」。把這「腹稿」用文字寫在紙上——第二個意義的表現——克羅齊以為只是實踐的活動，因為有叫旁人看或自己後來看那一個實踐的目的；而它的成就則是物理的事實，一本書或一幅畫本身不能算藝術，但是人可借它窺見藝術，「窺見」就是心靈的活動。參看第十二頁注⑨。

③ 克羅齊的學說在敘述這四個階段時說得最簡明了，但是第四階段與第二階段是否可以完全割開，即構思或表現時是否不運用傳達媒介，頗成問題。

表象與記憶

諸表現品或表象前後承續，後者起來，前者消逝，後者逐出前者。這種消逝，這種被逐出，實非毀滅或完全消除：沒有一件東西既生出來，可以完全死去，完全死去就無異未曾生出。雖然一切事物都消逝，卻沒有事物能死亡。連我們所已忘記的表現品仍以某種方式留存於心靈中，否則我們就無法解釋後天得來的習慣和才能。生命的力量其實就在這種表面的遺忘中見出：我們遺忘的就是已經吸收了的而生命已經找到替物的。

但是其他表象或表現品在目前心靈歷程中仍是強有力的因素；不把它們遺忘掉，或是在必要時還能把它們回想起來，這對於我們是要緊的。意志總是常醒著，照管這種保留工作，把我們的心靈財產中較重大的部分保留住。但是意志的照管有時不夠。記憶常以種種方式背叛我們或欺騙我們。因爲這個緣故，人類心靈想出一些方法來補救記憶的弱點，來造一些備忘的工具。

備忘工具的製造

這些備忘工具如何可能，不難從上文所說的話推知。表現品或表象同時也是實踐的事實，就它們可以讓物理學區分歸納爲類型來說，也可以叫做物理的事實。如果我們有辦法使這些實踐的或物理的事實以某種方式長駐永在，我們看到它們時（假如一切其他條件都湊合），就可以把原已造成的表現品或直覺品回想起來。

假如把實踐的陪件④所藉以起作用的東西，或是（用物理學的術語來說）運動軌跡所藉以劃開獨立而能有幾分永久性的東西叫做物件或物理的刺激物，假如用字母e來代這個物件或刺激物，則再造成回想的歷程就依下列次序：e，物理的刺激物；d—b，原有藝術綜合所伴著的那些物理的事實（如聲音、音調、模仿的姿態、線條與顏色的組合之類）所生的知覺；c，快感或痛感的陪件，這也是再造（或回想）起來的⑤。

那些叫做詩、散文、詩篇、小說、傳奇、悲劇或喜劇的文字組合；叫做歌劇、交響樂、奏鳴曲的聲音組合；叫做圖畫、雕像、建築的線條組合，不過是再造或回想所用的物理的刺激物（e階段）。記憶的心靈的力量，加上上述那些物理的事實的助力，使人所創造的直覺品可以留存，可以再造成回想。如果記憶隨生理器官衰謝了，藝術的紀念碑毀滅了，則一切審美的寶藏，無數年代勞動的成績也就逐漸衰落，很快地就消逝了。

④ 這裏實踐的陪伴即傳達的活動，物理的刺激即傳達的媒介，例如文學所用的文字。

⑤ 上文所說的四階段是就作者創造來說，本段所說的五階段是就讀者再造或欣賞來說。

物理的美

藝術的紀念碑，審美的再造所用的刺激物，叫做「美的事物」或「物理的美」⑥。這名稱在字面上是離奇的，因爲美不是物理的事實，它不屬於事物，而屬於人的活動，屬於心靈的力量。但是從此可知，物理的東西和物理的事實本來只是幫助人再造美或回想美的，經過一些轉變和聯想，它們本身就被簡稱爲「美的事物」或「物理的美」了。既已說明這是簡稱，我們也就不妨用它。

內容與形式：另一意義

「物理的美」參加進來，這件事實可以說明內容與形式兩詞的另一個爲美學家所慣用的意義。有些人把那內在的事實或表現稱作「內容」（這在我們看卻是形式），把那雲石、顏色、節奏、聲音叫做「形式」（這在我們看卻是形式的對立面）；因此把物理的事實當作形式，與內容可合可分。

「物理的美」參加進來，這件事實也可以說明所謂審美的「醜」的另一方面，有人本

---

⑥「物理的美」（physical beauty）：指借物理的媒介如聲音、顏色、文字等傳達出來的普通叫做「作品」的那東西的美。

沒有什麼確定的東西要表現，卻可設法借滔滔不絕的文詞，聲調鏗鏘的詩句，嘈雜震耳的音節，光彩奪目的圖畫，只能惹人驚怪而不能表達任何意義的堆砌成的建築堆頭，來隱瞞他的內在的空虛。依這樣看來，醜是牽強任意的，「江湖氣的」；在實際上，如果沒有實踐性的牽強任意的念頭闖入認識作用，那就只可以沒有美，而不一定眞正有值得叫做「醜」的東西。

自然美與人為美

物理的美通常分爲自然美與人爲美。我們因此碰到一個給思想家極大麻煩的事實：「自然美」。這名詞常指只產生實踐方面的快感的那些東西。凡是一個人遇到一片風景，眼睛看到青蔥的草木，身體行動暢適，溫暖的太陽曬著肢體，就說那風景美，他所說的就與審美的事實毫無關係。不過在其他場合，「美」這形容詞加在自然事物或風景之上，卻無疑地含有眞正的審美的意味。

人們常說：要以審美的方式欣賞自然界事物，就必須抽去它們的外在的和歷史的實在性，使它們的單純的形象離開實際存在而呈現；如果我們把頭擺在兩條腿中間去觀照自然風景，如此把物我之間習慣的關係消去，那自然風景就會以純意象現於目前；只有對於用藝術家的眼光去觀照自然的人，自然才顯得美；動物學家和植物學家們認不出美的動物和花卉；

自然的美是發見出來的（例如有眼光和想像力的人們對於自然風景所指點出來的各種觀點，後來有幾分知道審美的遊人到那裏朝拜時，就跟著那些觀點去看，這就形成了一種集體的暗示）⑦；如果沒有想像的幫助，就沒有哪一部分自然是美的；有了想像的幫助，同樣的自然事物或事實就可以隨心情不同，顯得有時有表現性，有時毫無意味，有時表現這個，有時表現那個，愁慘的或歡欣的，雄偉的或可笑的，柔和的或是滑稽的；最後，沒有一種自然的美，藝術家碰到它不想設法稍加潤色。

這些話都很正確，並且完全證明自然的美只是審美的再造所用的一種刺激物，有再造就必先有創造。如果原先沒有想像所形成的審美的直覺品，自然就絕不能提醒什麼直覺品出來。對於自然的美，人就像神話中凝視泉水的那位納西瑟斯⑧。萊奧帕爾迪說過：自然的美是「稀有的、零亂的、稍縱即逝的」；它是不完全的、含糊的、變動的。每人根據自己心中的表現品去看自然的事實。這一個藝術家歡喜看帶笑的河山，另一個歡喜看一家舊貨店，另一個歡喜看一個年輕姑娘的漂亮面孔，另一個歡喜看一個老流氓的惡相。也許第一個人說那

---

⑦「集體的暗示」（collective suggestion）：例如大家都說某一部書好，或是它哪幾點好，我也跟著覺得好，就是受集體的暗示。

⑧納西瑟斯（Narcissus）：希臘神話中的美少年，他看見自己的形影投在泉水裏，就愛上它，看著不肯丟，以致落到水裏沉死；據說他死後變成水仙花。

舊貨店和那老流氓的醜面孔都是「討人嫌的」；第二個人說那帶笑的河山和那年輕姑娘的臉都是「乾燥無味的」。他們可以永遠爭辯不休，永遠不會同意。如果他們有一點美學的知識，他們就會明白雙方都不錯。人爲的美提供了一種更靈活更有效的幫助。

混合的美

在上述兩種美之外，美學家們在他們的著作裏也往往提到「混合的美」。什麼東西的混合呢？正是自然美與人爲美的混合。無論是誰，只要把意象凝定而外射，都要借自然的資料起作用，而這些自然的資料卻不是他所創造的，而是他所綜合和改變的。就這個意義說，每一個人爲的作品都是自然與人爲的混合；那就沒有理由特辟混合的美一類來談。但是也有時自然中原有的組合有些可利用的多些，有些可利用的少些，比如我在設計一個美麗的花園時，可以把原有的樹木池塘的組合用在設計裏。在其他場合，要想全靠人爲去產生某些效果，勢不可能，於是外射作用就受到限制。比如我們能調配各種顏色，卻不能創造出一種強大的聲音，一個面孔，或一個身材，恰合劇中某某人物的身分。我們必須在原已存在的事物中去找，找到了，便利用它們。我們如果利用在自然中原已存在的許多組合，而這些組合，假如在自然中原不存在，是不能以人爲的方式去創造的，這樣產生出來的東西所以就叫做「混合的美」。

寫作符號

我們應該把叫做「寫作符號」⑨的那些再造的工具和人爲的美分清；寫作符號就是文字、音符、符籙，以及一切假充的文字，從花字旗語到十八世紀社會中所盛行的衲塊組合語之類。寫作符號並不是直接產生審美表現的印象的那些物理的事實；它們只能表示要產生這種物理的事實，先有什麼事要做。一串文字的符號提醒我們須用發音器官做出某種動作，才能發出某種聲音。如果由於經常練習的緣故，我們不開口也能聽出文字，而且（比較更難）只用眼睛看著五線譜，也就能聽到聲音。這也並不能變更寫作符號的性質，它們與直接的物理的美完全不同。說包含《神曲》的那部書，或包含《唐璜》⑩的那部樂譜是美的，這裏「美」字的意義是一種；以譬喻的口氣說包含米開朗基羅的《摩西》⑪的那塊雲石，或是包含「耶穌現靈光」⑫的那塊著色板是美的，這裏「美」字的意義就是另一種。前後兩組事物

---

⑨「寫作符號」（writings）：這與普通所謂「寫作」略有分別，「寫作」著重「作」的活動，這裏著重用文字符號記載下來的痕跡。從這文字符號我們窺見作者的意思，再從作者的意思窺見他的藝術形象。這比看圖畫雕刻窺見藝術形象要多一層手續，即從符號見意義的那個手續。

⑩《唐璜》（Don Juan）：德國大音樂家莫札特（Mozart 1756—1791）的著名歌劇。

⑪《摩西》（Moses）：米開朗基羅的著名的雕像，原來是替教皇尤里烏斯二世的墓園做裝飾的。

⑫「耶穌現靈光」（Transfiguration）：指耶穌在山上變形象的故事，詳見《馬太福音》第十七章。文藝復興時代畫家用這題材作畫的甚多。

都有助於美的再造，但是前一組比後一組所走的路要較長較彎。

自由的美與非自由的美

另一個美的區分，在美學著作中仍可見到，就是自由與非自由的美的分別⑬。非自由的美是指含有兩重目的的東西，一重目的是審美以外的，另一重目的是審美的（直覺的刺激物），因為第一重目的對第二重目的加以限制與障礙，所產生的美就被人認為非自由的。

建築品尤其是著例；所以建築往往不列在「美術」裏⑭。一座廟宇先要合宗教典禮的用；一座民房必須包含一切為生活方便的房間，而且必須根據這種方便去布置，一座堡壘必須建築得能防禦某種軍隊的攻勢和某種武器的轟擊。因此人們說建築家的範圍是有限制的：他可以使廟宇、民房、堡壘有幾分「美化」，但是他為那些建築物的目的所限，就只能在不傷害那些非審美的而卻重要的目的範圍以內去實現他的一部分美的理想。

---

⑬ 「自由的美與非自由的美」（Free and non-free beauty）：前者不帶實踐的目的，後者帶實踐的目的。「非自由的美」也叫做「依存的美」（dependent beauty），「自由的美」也叫做「純粹的美」（pure beauty）。這個分別源於康德。

⑭ 美術（fine arts）：指文學、音樂、圖畫、雕刻之類藝術，與「工業藝術」（industrial arts）相對立。建築、陶瓷、刺繡、金工、木工之類屬於工業藝術。這個區分是很古的，但是有時頗牽強。

另一些實例是所謂應用於工業的藝術。盤、杯、刀、槍、梳，都可以做得美，但是據說他們的美不宜過度，以免防阻我們用盤子吃東西，用杯子飲水，用刀子裁割，用槍射擊，或用梳子理髮。印刷術據說也是如此：一部書應該印得美，卻不應美到令人難讀或不能讀。

評非自由的美

對於這一切，我們首先要說：外在的目的，正因其爲外在的，對於刺激審美的再造那另一目的，不必定是一種限制或障礙。所以說像建築的那種藝術在本質上就不完全、不自由，因爲它須服從其他的實用目的，這見解並不正確；只是建築中有許多好作品這個事實就可以打消這種誤解。

其次，不僅兩個目的並存，不一定就互相衝突，我們還要補充一句：藝術家總有辦法防止這種衝突。怎樣辦呢？只需把有實用目的的事物的用場當作材料，攏進他的審美的直覺和外射作用。他無需另加什麼到那事物上去，才能使它產生審美的直覺品；如果它完全能適合它的實用的目的，它就會產生美的直覺品了。鄉村住房和宮殿，教堂和營房，刀和犁頭之所以美，並不因爲它們經過裝飾和美化，而是正因爲它們能表現它們實用的目的。一件衣服美，就因爲它恰合某種身分和某種身材的人。柔情的阿米達替戰士里納爾多⑮在腰間掛的那把刀並不美，「裝飾得只像一件無用的裝飾品，不像戰爭用的可揮掃自如的武器」；或是它縱然算美，也只是就那位女魔術家的眼光和幻想來說，她愛看她的情人像那樣女性地裝備起來。審美的活動和實踐的活動常能並行不悖，因爲表現就是眞理。

有一點卻不能否認：審美的觀照有時確實妨害實用。比如說，一個普遍的經驗是看到新的物件很適合實用目的，很美，令人往往捨不得糟蹋它們，捨不得放棄觀照來使用它們。就是爲了這個緣故，普魯士國王威廉極不願意派他的漂亮的炮兵隊上火線，儘管他們挺會打仗，他的兒子腓特烈大帝沒有他那樣愛美，就借那些炮兵們立了很大的戰功。

創造所用的刺激物

我們把物理的美當作再造內在美（或表現品）的助因，也許有人這樣反駁：藝術家著手去畫、刻、寫，才作成他的表現品，所以物理的美往往在審美的美之前而不在後⑯。這對於藝術家的程式不免是一種膚淺的看法，藝術家在實際上從來不著一筆，如果先沒有在想像中把所

---

⑮ 里納爾多（Rinaldo）：塔索的《被解放的耶路撒冷》裏面的一個要角；阿米達（Armida）是他的愛人。

⑯ 這是通俗的看法，先著手畫，經過摸索嘗試，才發現所要畫的。先著手畫，就要先利用物理的美。

要著的一筆看清楚；如果他先沒有看清楚而就著筆，那就不是使他的心裏表現品（還不存在）外射，而是當作一種嘗試，要找向前再思索、再凝神的出發點。物理的出發點並不是在物理上爲美的再造的工具，而是一種可以叫做「引路」或「觸機」的媒介；例如退隱到寂靜處，或是藝術家和科學家所常用的其他很奇怪的辦法，各人有各人的癖性，也就有各人的辦法。老美學家鮑姆嘉通⑰勸詩人借騎馬、喝不過量的酒並且（如果他們無邪念）看美人，來找靈感。

---

⑰ 鮑姆嘉通（Alexander Baumgarten 1714—1762）：德國美學家，第一個用aesthetic稱呼研究美與藝術的科學的人。

第十四章　物理學與美學的混淆所生的錯誤

不了解審美的事實（藝術的見界）與物理的事實（幫助藝術再造的工具）之間的關係純是外在的，這就產生一系列錯誤的學說，我們在此應提一提，並且依據上文的道理略加批評。

評審美的聯想主義

把審美的事實認爲兩個形象的「聯想」的一種聯想主義①，就起於不了解上面的道理。審美的意識是完全整一的意識，不是兩股合成的意識，這聯想說與審美的意識所以極不相容。這種錯誤是怎樣來的呢？正因爲把物理的事實和審美的事實分開來看，當作兩種不同的形象，甲形象拉著乙形象走進心靈，甲走在前而乙走在後。一幅畫分爲畫的形象和畫的意義的形象；一首詩分爲文字的形象和文字的意義的形象。但是形象並不是二元的，物理的事實

---

① 「聯想主義」（associationism）：舊心理學的一個基本原理是「觀念的聯想」，要旨是甲、乙兩觀念因性質的類似或經驗的接近而生聯想，看到甲，乙就被連帶地想起來。舊心理學家拿這原則解釋知覺、記憶、思想以至於情感、意志。審美的聯想主義以為物理的事實（例如文字）是一種形象，以聯想作用，引起審美的事實（例如文字後面的意義），這是另一形象。兩形象湊合，於是有審美的意識。克羅齊反對此說，理由有二：㈠審美的意識是整一的，我們意識不到甲、乙兩形象的湊合；㈡物理的事實不以形象的資格入意識，它只刺激心理組織，使原有的唯一的審美的形象再現於意識。

並不以形象的資格進入心靈，它只幫助形象（這形象是唯一的，也就是審美的事實）的再造或回想，因為它盲目地刺激心理組織，產生出相當於原已形成的審美表現品的印象。

聯想主義者（現在美學園地的僭越者）想逃脫這個困難，想把他們的聯想原則所破壞了的整一重新建立起來。他們的企圖是很有意思的。他們有些人認為那回想起的形象是無意識，又有些人不要無意識，認為那形象是含混的、朦朧的、依稀彷彿的；這樣就把記憶的弱點變成審美事實的優點。但是這一說卻陷入兩難之境：不是保留聯想而放棄整一②，就是保留整一而放棄聯想，沒有第三條逃出困難的路。

評美學的物理學

由於不能澈底分析所謂自然美，認清它只是審美再造中的一個事件，由於把自然美認成已在自然中天生成就，於是許多美學著作中都有一部分講所謂「自然美」或「美學的物理學」③；甚至再分為美學的礦物學、植物學和動物學。我們也不否認這些著作裏有很多正確

② 整一即指審美的意識的整一，聯想主義假定這意識是二元的。

③ 「美學的物理學」（aesthetic physics）：十九世紀德國美學家費雪（Vischer）在他的名著《美學》中，有一部分叫做「美學的物理學」，討論光、熱、水、動物、植物等等自然界事物的美。

的話，並且它們本身往往就是藝術作品，很美麗地表現作者的想像、幻想或印象。但是我們必須說，追究狗是否美、鴨嘴獸是否醜、白蓮是否美、葵菜是否醜，從科學觀點看，這都是荒謬的。這錯誤其實是雙重的。第一，美學的物理學和文藝種類說犯同樣的含糊，想把審美的性質勉強加諸理智的抽象品④。其次，我們已經說過，它沒有認清所謂自然美是如何形成的。如果明白自然美如何形成，某某動物、花或人是美還是醜的問題就根本不能成立。凡是不由審美的心靈創造出來的，或是不能歸到審美的心靈的東西，就不能說是美或醜。把自然事物安排在完整的形象裏，才有審美的作用。

評人體美

這雙重錯誤在「人體美」的問題中也可以見出。這問題有許多整部書籍討論過。我們首先要把討論這問題的人們從抽象引到具體，要問他們：你們所指的人體是什麼呢？男人的，女人的，還是「陰陽人」的？姑且假定他們回答說要分兩種研究，一種研究男性美，一種研究女性美（眞有些作家鄭重其事地討論是男人還是女人比較美）；我們就再問：男性美

④ 理智的抽象品指種類。某一類的概念是生於理智的，審美的性質是得於直覺，不是得於理智。所以我們不能把審美的性質「美」加諸理智的抽象品。

也好，女性美也好，你們所要挑選的是哪一個種族呢？白種、黃種、黑種或是任何存在的種族？姑且假定他們說限於白種；我們又追問下去：白種中哪一個民族呢？我們把他們逐漸縮到白種世界中某一角落，比如說，從義大利人逐漸遞降到托斯卡尼省人、西恩納市人、卡摩利亞門區人；我們就再問：很好，但是哪種年齡、哪種境遇、哪種姿態的人體呢？新生下地的、小孩的、青年的、成年的、中年的呢？休息時的，像保盧斯·波特所畫的牛，還是像林布蘭所畫的伽倪墨得斯⑤那樣忙著的呢？

用這種遞降的方法，我們就達到毫無定性的個體，或是用手指出來的「這裏這個人」。到了這裏，我們就不難見出那第二重錯誤，我們只需回想上文關於自然的事實所說的話，就是自然的事實有時美、有時醜，隨所取的觀點和藝術家的心境爲轉移。那不勒斯海灣還有人說不美，還有藝術家們說它不能表現什麼，說它還不如北歐海岸的「陰森的叢林」和「雲霧和大風刮著不歇的北方」。從此可知美醜原是相對的，人體既是無窮的暗示的源泉，是否也有這種相對性呢？

---

⑤ 保羅斯·波特（Paul Potter 1625—1654）、林布蘭（Rembrandt 1606—1669）都是荷蘭名畫家，前者以畫動物著名，後者以人物畫像著名。伽倪墨得斯（Ganymede）是希臘神話中的美少年。

評幾何圖形美

幾何圖形美的問題也與審美的物理學相關。如果幾何圖形是指幾何上的概念（如三角形、方形、錐形的概念），正因其爲概念，便無美醜可言。如果它們是指有一定幾何圖形的物體，那就要看它們安排在什麼完整的形象裏而定美醜，如同一切自然的事實一樣。有人以爲幾何圖形凡是向上指著的就美，因爲暗示堅定與力量。這也許對，我們並不否認，但是另一方面我們也不能否認，有些事物引起不穩定與柔弱的印象，也可以美，因爲所要表現的恰是不穩定與柔弱。並且在這情況之下，直線的堅定和錐形或等邊三角形的輕俊反而成爲醜的成分。

關於自然美、幾何美以及類似的史蹟美和人體美之類問題，在同情說的美學中，確實不顯得那麼荒謬，因爲同情說把「審美的美」認成起快感的事物的表現。但是要用科學的方式來斷定什麼樣的內容才可引起同情，什麼樣的內容才絕對不能引起同情，這種企圖仍不免錯誤，縱然還站在同情說的範圍以內，並且接受它的前提。我們解決這一類問題時，只需複述賀拉斯詩集第一卷第一章賦體詩的「有些人」，和萊奧帕爾迪給卡羅．佩波利的信中「有些人」⑥那兩段話，附上一個無限長的書後。各人有各人的美的事物（即引起同情的事物），

⑥賀拉斯（Horace西元前65—前8）是羅馬詩人；他的第一章賦體詩（Odes）開頭有這樣一句話：「有些人唯一的快樂是在奔車上蒐集奧林匹斯神的灰塵。」意思與「吸古人之糟粕」相近。萊奧帕爾迪給卡羅．佩波利

猶如各人有各人的情人。戀愛學並不是科學。

評模仿自然說的另一面

藝術家在造作人爲的工具或物理的美時，當然有客觀存在的事實擺在眼前，如物體、布匹、花卉之類的「模範」（模特兒）。我們姑且看看藝術家的速寫稿、練習稿和筆記等：達文西在作《最後的晚餐》時，在他的筆記簿裏記下：「喬凡麗娜，一副奇異的臉，住在聖卡特林教堂的宿舍裏；喀斯蒂里昂，住在慈悲寺，他的頭很好；耶穌的像，可以用喬凡孔德、摩塔羅主教的隨員……」如此等等。從此就有藝術家模仿自然那個錯覺，其實更精確一點，應該說自然模仿藝術家，服從藝術家。「藝術模仿自然」說以及它的變相，即比較近理的「藝術理想化自然」說⑦，往往都從這個錯覺得到根據與支援。藝術理想化自然說把藝術的程式弄得顛倒錯亂了；因爲藝術家並不是從外在現實出發，改變它，使它逼近理想；而是從外在自然的印象出發，達到表現，這表現就是他的理想；然後再從表現轉到自然的事實，用它做工具去再造理想的事實。

（Carlo Pepoli）的信待考。本段的大意是說各人嗜好不同。

⑦「藝術理想化自然」說：這一說仍以為藝術模仿自然，不過加以改變，使自然近於理想。

評美的基本形式說

審美事實與物理事實的混淆還有一個後果，就是美的基本形式說。表現，即美本身，雖不可分劃，而它所藉以外射的物理事實卻可以分而又分：例如一幅圖畫的平面可分爲線條和顏色，線條的組合與曲度，顏色的種類等等；一首詩可分爲章、句、音步、單音等等；一篇散文可分爲章、段、標題、長句、短句、單字等等。這樣分出來的各部分都不是審美的事實，而是勉強劃分的較小的物理的事實。如果朝這條路一直走下去，老是不把審美的與物質的事實分清，我們終必達到的結論就是：眞正的美的基本形式就是些「原子」。

美必有體積⑧，這個審美的規律曾經三令五申，它就與這原子說不合。小至不可知覺，大至不可分辨，都不能爲美。但是由知覺而不由測量所定的大小所指的概念是和數學的概念大不相同的。所謂不可知覺和不可分辨的東西確實不能產生一個印象，因爲那就不是一個眞事實而只是一個概念⑨；所以說美需有體積，就等於說它需有物質的事實，可引起美的再造。

---

⑧ 美必有體積（bulk），此說首見於亞里斯多德的《詩學》。依他看，美的事物必有合式的體積，太小不能察覺，太大不能分辨，我們都不起美感。

⑨ 太大太小，都不能為直覺的對象，但仍能成為概念。

評尋求美的客觀條件

繼續尋求美的物理的規律或客觀條件，於是有這樣的問題：美相當於何種物理的事實呢？醜相當於何種物理的事實呢？相當於哪些可以數學方式決定的聲音、顏色、大小的配合呢？作這種探討正無異在經濟學中從貿易品的物理性質去尋貿易的規律。這種企圖的不斷失敗應使人明白它的無用。尤其在我們的時代，人們常揚言要有歸納的美學，或是由下而上的美學，遵照自然科學的程式，不隨便下結論。歸納的嗎？但是美學像每一種哲學的科學一樣，總是既是歸納的，又是演繹的；這兩個方法並不能分開，任何一種方法都不能單獨地成爲眞科學的特徵。這「歸納」一詞卻也不是隨便說出的，用意是指審美的事實不過是一種物理的事實，要用物理科學和自然科學所特有的方法去研究。

根據這個假定和信念，歸納的美學，由下而上的美學（這謙虛中有多少驕傲！）就開始它的工作了。它很愼重地開始蒐集一些「美的事物」，例如許多形狀不同、大小不同的信封，於是問哪些產生美的印象，哪些產生醜的印象。可以想像到，歸納的美學家馬上就感到一種困難，因爲同一事物從某一方面看是醜，從另一方面看卻美。一個公文信封用來裝情書未免太醜，用來裝印刷傳單卻恰合式；這印刷傳單若是裝在英國紙製的方信封裏，也就不好看，至少有點滑稽。這個根據簡單常識的考慮應該可以提醒歸納的美學家：美不是物理的存在，這樣就可使他們不再作那無益而可笑的探討了。可是不然，他們想出了一個方便法門——這是否屬於自然科學的謹嚴的方法卻很難說——把那些信封傳給許多人看，要來一個全民票決，用大多數的票來決定美的東西美在哪裏，醜的東西醜在哪裏。

我們不再在這題目上浪費時間了，恐怕我們不是在闡明美學和它的問題，而是在說滑稽故事。事實上歸納的美學家們連一個規律都還沒有發見⑩。

美學的天文學

沒有醫好病而對醫生絕望的人容易把命交給江湖騙子；相信可以替美找出自然科學規律者正是如此。藝術家們往往也採用經驗的教條，例如關於人體各部比例的，關於黃金段的（一線分爲二段，短段與長段之比，等於長段與全線之比bc:ac=ac:ab名爲「黃金段」⑪）。這種教條很容易變成他們的迷信，他們以爲作品之所以成功，即由於此。例如米開朗基羅留下一個祕方給他的徒弟馬柯德賓納，教他「常畫一個金字塔形的蛇形的形體，以一、二、三，乘它」。這祕方並沒有能挽救這位徒弟的平凡，那不勒斯城所藏的他的許多畫可以爲

---

⑩「美的客觀條件」：這個觀念來源甚久，從古希臘到現在，許多文藝理論著作都為這個同題所糾纏不清。一個作品有哪些條件才能美呢？以往的答案甚多，文藝上許多規律和教條都是這樣起來的。近代實驗美學也是在這問題上絞腦漿。克羅齊根本否認美有「客觀條件」。

⑪「黃金段」（golden section）之說是從達文西就主張起，近代德國實驗美學家費希納（Fechner 1801—1887）才就它做了許多實驗。

證。另一些人把米開朗基羅的話當作另一祕方的根據，就是蛇形曲線是眞正的「美的線條」。許多整部著作都討論這些美的規律、黃金段、蛇形曲線。我們以爲這些都應該看作美學的天文學。

第十五章　外射的活動：各種藝術的技巧與理論

外射是實踐的活動

我們已經說過，物理的美的造作須有一種清醒的意志，常注意照管，不讓某些見界、直覺品或表現品遺失了。這種意志可以極迅速地發動，好像出諸本能，也可以需要長久而辛苦的意匠經營。無論如何，以這種方式，而且只以這種方式（即造作備忘的記錄或物理的物件），實踐的活動才與審美的活動發生關係，這就是說，實踐的活動不復只是審美活動的陪伴，而是它的一個眞正有分別的階段[①]。我們不能憑意志去起，或是不起，某種審美的直覺；但是我們能憑意志要或不要，把那直覺外射出去；那就是說，要不要把已造成的直覺品保留起來，傳達給旁人[②]。

外射的技巧

外射是一個意志的事實，它需根據許多繁複的知識，像一切實踐的活動都需根據知識一

① 實踐活動在為快感時，只是審美活動的陪伴：在受意志的指使，造作藝術再造的物質的工具，使表現品可保留傳達時，就是審美活動的一個真正有分別的階段。

② 「外射」（externalization）：即把內在的審美的直覺品（克羅齊所謂表現品，是已在心中成就的「腹稿」），借物理的媒介，如語文、顏色、聲音、線條之類，放射到外面去，留下可以讓旁人欣賞的痕跡。克羅齊所謂「外射」其實就是一般人所謂「表現」或「傳達」。

樣。這些知識叫做「技巧」。因此談「藝術的技巧」，如同談物理的美，都是用譬喻的簡略的說法，如果說得比較精確一點，藝術的技巧就是「服務於實踐活動的知識，用來產生審美的再造的刺激物」③。我們既已把它的意義懂清楚了，爲著避免冗長的字句，我們在此也無妨利用這個普通的術語。

技巧的知識爲藝術的再造服務，這可能性使人錯誤地認爲內在的表現也有一種審美的技巧，這就是「內在的表現手段」說④。這內在的表現手段是絕對不可思議的。理由很清楚：表現本身是一種基元的認識活動，所以它先於實踐的活動以及爲實踐活動服務的理性知識，而不依存於它們。它也可以幫助決定實踐的活動，但是它自己不爲實踐的活動所決定。表現沒有手段，因爲它沒有手段所要達到的目的。它對事物起直覺，不對事物起意志，所以它不能分析爲意念、手段、目的那一些抽象的原素。人們往往說某作家發明了小說或戲劇的新技巧，或某畫家發明了一種配光的技巧，這裏所謂「技巧」是隨便用的，因爲所謂新技巧其實就是那小說本身或是那幅新畫本身，不是什麼其他東西。配光是那幅畫的直覺本身裏面的

③「技巧」（technique）：外射例如把畫畫在紙上，詩寫在紙上，或像雕在石上（這就是產生審美的再造的刺激物），這畫、寫、雕等的實踐活動都依靠一些知識，這就是「技巧」。技巧是知識的應用，不能算是藝術本身的一個因素。

④「內在的表現的手段」說：「手段」就指「技巧」，外射可以有技巧，直覺先於理性的知識和實踐的活動，所以不能有所謂「手段」或「技巧」（技巧是理性的知識，而運用技巧是出於意志的實踐活動）。

事，而一個劇作者的技巧也就是他所構思成的戲劇本身。「技巧」又有時用來指一個失敗的作品的某某優點和劣點；人們委婉地說：構思不好，技巧卻好；或是構思本好，技巧卻壞。

在另一方面，我們在談油畫、鋅板蝕刻、石膏雕刻的各種方法時，用「技巧」這名詞就很恰當；但是這裏如果用「藝術的」形容詞，說只是取它的譬喻的意義。一種戲劇的技巧，在審美意義上說，雖不可能，一種舞臺的技巧，或則無寧說，外射某某審美的作品的手續，卻並非不可能。比如說，十六世紀後半期義大利舞臺開始用女演員代替男扮女演員；後來十七世紀威尼斯的舞臺經理們完成了迅速換景的機械，這些確是舞臺技巧上眞正的發明。

各種藝術的技巧方面的理論

藝術家們外射他們的表現品所應用的技巧知識，集合在一起，可以分成各組，稱爲「藝術分論」。例如建築的理論（包括機械學的規律、材料力學的知識，以及和石灰水泥的方法的手冊），雕刻的理論（包括關於刻什麼石頭用什麼工具、如何混合銅錫成青銅、如何使用刻刀、如何精確地塑成石膏或黏土模型、如何使黏土保持潮潤之類的指示），圖畫的理論（討論膠畫、油畫、水彩畫、粉筆畫的種種技巧，以及人體的比例，透視的規律），演說的理論（包括發音和練習培養音調的方法，以及裝腔作勢之類的教條），音樂的理論（討論聲調音質的配合與同化之類），如此等等。這種教條規箴的彙集在各國典籍中都很多。因爲我們難說某種東西知道了有用，某種東西知道了無用，這類書籍往往成爲一種大辭典或「須知事項」。維特魯威⑤在他的建築學論著中說建築師須有文學、圖畫、幾何、數學、光學、歷史，自然科學、倫理哲學、法學、醫學、天文學、音樂之類知識。一切都值得知道；且把建築學本身學會就完事大吉吧！

這種經驗之談的彙集，顯然不能成爲科學。它們包括從各種科學與各種訓練取來的知識，而它們的哲學的與科學的原則也就需在這些科學與訓練中找出。提議要替各種藝術建立一種科學的理論，就無異要把本質是雜多的東西化爲單一，要使本爲彙集才放在一起的東西失其爲彙集。如果我們要把建築家、畫家或音樂家的手冊化成科學的形式，除掉力學、光學或聲學的普遍原則之外，顯然就不會剩下什麼。如果我們要把散在這些手冊中的眞正是藝術的見解抽出來獨立，使它們成爲科學的系統，我們就需離開個別藝術的範圍，而進到美學的範圍，因爲美學總是普遍的美學，或則說，美學不能分爲普遍的與特殊的兩種。科學本能很強而且自然傾向於哲學的人們如果動手建立這些理論，寫這些手冊，就會發生上述情形（開始要討論一種技巧，結果寫成一部美學）。

---

⑤ 維特魯威（Vitruvius）：西元前一世紀羅馬作家，他的《建築十書》是古代僅存的一部討論建築的著作。

評個別藝術的美學理論

每種藝術有什麼限度？什麼東西可以用顏色表現？什麼東西可以用聲音表現？什麼東西可以用單色線條表現？什麼東西可以用各種顏色的配合表現？什麼用調質，什麼用音律與節奏？形體的藝術與聽覺的藝術，圖畫與雕刻，詩歌與音樂，這些中間各有什麼界限？如果人們幻想個別藝術的美學理論可以回答這些問題，物理學與美學的混淆就達到極點了。

翻譯成科學的語言，這就無異於問：聲學與審美的表現有什麼關係？光學與審美的表現有什麼關係？如此等等。從物理的事實到審美的事實既無路可通，從審美的事實到特種組別的物理的事實，如光學或聲學的現象之類，如何有路可通呢⑥？

評各種藝術的分類

所謂「各種藝術」並沒有審美的界限，如果有，它們也就應各有各的審美的存在⑦。我們

---

⑥ 依克羅齊，我們不能說：什麼東西可以用顏色「表現」，卻可以說：什麼東西可以用顏色「外射」。顏色是物理的事實，而表現是心靈的審美的事實，二者之中沒有通道。

⑦ 如果圖畫、音樂等各有審美的界限，則圖畫有圖畫的美，音樂有音樂的美，這兩種美就沒有共同點。其實圖畫的美是這個「美」，音樂的美也還是這個「美」。所以美學總是普遍的美學，不是某個別藝術的美學。克羅齊因此不贊成藝術的分類。

已經說明過，各種藝術的區分完全起於經驗。因此，就各種藝術作美學的分類那一切企圖都是荒謬的。它們既沒有界限，就不可以精確地確定某種藝術有某某特殊的屬性，因此，也就不能以哲學的方式分類。討論藝術分類與系統的書籍若是完全付之一炬，並不是什麼損失（儘管在說這話時，我們對於在這上面花過工夫的那些作者們懷著極大的敬意）。

這種系統化的許多企圖都可以證明系統化是不可能的。第一個最普通的區分是把藝術分爲「聽」、「視」、「想像」三類⑧；好像眼、耳、想像三者站在平等地位，可用同一邏輯標準或分類基礎推演出來。另一批人提議把藝術分爲「空間的」與「時間的」，「靜的」與「動的」諸類⑨，好像空間、時間、靜、動這些概念能確定特種審美形式的屬性，而且與藝術（就其爲藝術而言）有什麼相干。最後，又有一批人把藝術分爲「古典的」與「浪漫的」，或是分爲「東方的」、「古典的」與「浪漫的」⑩；因此就把單純的歷史名詞認成有

---

⑧ 這是十九世紀德國美學家哈特曼（E．von Hartmann 1842—1906）的主張。他把藝術分為視覺的（造形藝術與圖畫），聽覺的（音樂、語言、歌）以及想像的（詩）。

⑨ 這是十八世紀德國劇作家和批評家萊辛（Lessing 1729—1781）的主張。在他的名著《拉奧孔》（Laokoon）裏，他把藝術分為空間的、即靜的（圖畫、雕刻），和時間的、即動的（詩歌），以為圖畫、雕刻只宜於描寫物態，詩歌只宜於敘述動作。

⑩ 這是十九世紀德國大哲學家黑格爾的主張。在他的「藝術哲學」裏，他把藝術分為象徵的、古典的和浪漫的。象徵的藝術的特色在物質超過心靈。古典的藝術的特色在物質與心靈混化諧和；浪漫的藝術的特色在心靈溢出物質。「象徵的藝術」主要地是東方的。

科學概念的價值，這就陷於上文已批評過的修辭品類的區分那一個錯誤。此外又有人把藝術分為「只能從一面看的」，例如圖畫；與「可從各面看的」，例如雕刻。還有許多類似的妄誕的區分，無論如何，都說不通。

有一派人相信一種表現品可以改作成為另一種表現品，例如把《伊里亞德》或《失樂園》⑪那部詩改作成為一系列的圖畫；他們並且從是否可在讓畫家翻譯為畫，來斷定一首詩的價值大小。藝術的界限說，在當初提出時，對於這一派的見解也許是一種有益的批評。但是這批評雖然合理而且勝利了，這卻不能證明這批評所用的論點和所建立的系統就是對的。

評各種藝術的聯合說

藝術聯合說是藝術界限說的附庸，界限說倒塌，聯合說也就倒塌了。既承認個別藝術有分別與界限，就不免要問：哪種藝術是最強有力的呢？把幾種藝術聯合在一起，我們是否得到更強有力的效果呢？我們對此毫無所知，只知道在每個事例中，某某藝術的直覺品需要某種物理的媒介，某某其他藝術的直覺品需要它種物理的媒介，作再造的工具。有些劇本只

---

⑪《失樂園》（Paradise Lost）：是英國十七世紀詩人米爾頓（Milton 1608—1674）的仿史詩。西方常有畫家根據文學作品的題材作畫。

借閱讀就可以見出它們的效果，另一些劇本卻要借表演和布景。有些藝術的直覺品爲著完滿的外射，需要語文、歌、樂器、顏色，雕像、建築和演員；另一些藝術的直覺品只需寥寥數筆、略見輪廓，就已很完全。如果以爲表演，布景和上述其他諸事項擺在一起，要比單純的閱讀和寥寥數筆的輪廓更強有力，那就是錯誤的想法；因爲上述諸事項或諸組事項中，每一種都各有不同的目的，目的不同，手段的力量就無從比較。

外射的活動與效用和道德二者的關係

最後，只有把眞正審美的活動和外射的實踐活動分得清楚嚴密，我們才能解決「藝術與效用」和「藝術與道德」的關係那些繁難的問題。

我們前已說明，藝術就其爲藝術而言，是離效用、道德以及一切實踐的價值而獨立的。如果沒有這獨立性，藝術的內在價值就無從說起，美學的科學也就無從思議，因爲這科學要有審美事實的獨立性爲它的必要條件。

但是以爲藝術家的見界、直覺，或內在的表現品的這種獨立性，應該推廣到外射與傳達的實踐活動去，那也不免錯誤；這些實踐活動可以隨審美事實而起，也可以不隨它而起。如果藝術是指藝術的外射，效用與道德就有資格加入；就有權作自家房屋的主人了。

我們其實並不把在心中造就的許多表現品或直覺品全部都表現出來；我們並不把心中每

個思想都大聲說出，寫下、印起、畫起，拿它向大衆展覽。我們從已構思成就的或至少是想好綱要的許多直覺品之中加以「選擇」，而這選擇就須受經濟情況與道德意向的原則約制。所以我們在已經凝定了一個直覺品之後，是否要把它傳達給旁人、傳達給誰、何時傳達、如何傳達等等都是還待裁決的問題；這些考慮全要受效用與倫理的原則約制。

因此，我們覺得「選擇」、「興趣」、「道德」、「教育目的」、「得大衆歡迎」之類概念也有幾分道理；雖然拿它們勉強加諸就其爲藝術而言的藝術，它們就沒有道理。我們自己已把它們從純粹的美學中排去了。錯誤常帶有幾分眞理。人們發出那些錯誤的美學議論，本來是著眼於實踐的事實，這些事實是外加到審美事實上面去的，其實屬於經濟的和道德的生活範圍。

爲發表審美再造用的工具⑫爭較大的自由，這本是很好的，我們也贊同這個意見，贊同把立法的事宜和裁制不道德的藝術的法律行爲都讓給僞君子、傻瓜和浪費時間者。但是宣告這種自由，以及定這種自由的界限，無論這界限多麼寬，卻都是道德範圍以內的事。在任何情形下，藝術獨立那一個最高的原則，那一個美學的基礎，總不能援引來爲虎作倀。一個藝術家在外射他的想像時，如果像不道德的投機者，逢迎讀者的不健康的趣味，或是像小販子在公共場所出賣淫畫淫像，都不能援引這最高原則來洗刷罪狀，維護自由。後一個事例是員

⑫ 這就是一般所謂發表作品。

警的事，前一個事例則應受道德意識的審判。對某藝術作品所下的審美判斷，與作者作爲實踐者的道德是毫不相干的，它和預防藝術被用去做壞事（這也就違反藝術純爲認識觀照的本質）的措施也是毫不相干的。

第十六章　鑑賞力與藝術的再造

審美的判斷，它與審美再造的統一

全部審美的和外射的過程既已完成了，一個表現品既已造成，而且凝定於一種固定的物質的材料了，什麼才算判斷它呢？「把它在自己心中再造出來，」藝術批評家們同聲回答。這回答很好。爲澈底了解這事實，我們且用一個表格來說明它。

某甲感到或預感到一個印象，還沒有把它表現，而在設法表現它。他試用種種不同的字句，來產生他所尋求的那個表現品，那個一定存在而他卻還沒有找到的表現品。他試用文字組合M，但是覺得它不恰當，沒有表現力，不完善，醜，就把它丟掉了；於是他再試用文字組合N，結果還是一樣。「他簡直沒有看見，或是沒有看清楚」，那表現品還在閃避他。經過許多其他不成功的嘗試，有時離所瞄準的目標很近，有時離它很遠，可是突然間（幾乎像不求自來的）他碰上了他所尋求的表現品，「水到渠成」。霎時間他享受到審美的快感或美的東西所產生的快感。醜和它所附帶的不快感，就是沒有能征服障礙的那種審美活動；美就是得到勝利的表現活動。

我們從語文範圍裏舉出這個實例，因爲它比較平易近人，因爲我們人人都說話，雖然不都作畫。現在如果另有一個人，我們稱他爲乙，要來判斷那個表現品，決定它是美還是醜，他就必須把自己擺在甲的觀點上，借助於甲所供給他的物理的符號，再循原來的程式走一過。如果甲原來看清楚了，乙（既已把自己擺在甲的觀點）也就會看清楚，看見這表現品是美的。如果甲原來沒有看清楚，乙也就不會看清楚，就會發見這表現品有些醜，正如甲原來發見它有些醜。

二者不可能有分歧

也許有人說：我們沒有考慮到兩種其他情形：甲看見清楚而乙看見卻不清楚，甲看見不清楚而乙看見卻清楚。嚴格地說，這兩種情形都不可能。

表現的活動，正因其爲活動，不是隨意任便，而是心靈的必然，它只有一個正確的方法，去解決某一固定的審美的問題。有人對這句平常話也許反對說：有些作品在藝術家自己看原是美的，後來在批評家看卻是醜的；也有些作品爲藝術家自己所不滿意，認爲不完善或失敗的，後來批評家們卻以爲它們美、完善。但是在這種事例中，必有一方面是錯誤的，不是藝術家，就是批評家；有時是藝術家，有時是批評家。一個表現品的作者有時並不完全認清在他的心靈中發生的東西。匆忙、虛榮心、省察的缺乏，理論上的偏見，都叫人們說，而且甚至相信，自己的某些作品是美的，其實如果他們眞正向心中省察一番，就會見出它們是醜的，因爲它們本是醜的。比如可憐的唐吉訶德很鄭重其事地把紙板製的遮面甲安在他的頭盔上，頭一次搏鬥就見出那塊遮面甲的抵抗力薄弱，下一回碰到一刀很準確地戳過來，就不敢再用它來遮擋，只宣告它是（據作者說）「戴起來原來倒是挺美的」。在其他事例中同樣理由，或是相反而可類推的理由，使藝術家昏頭昏腦，把自己的成功的作品估價過低，或是把自己在藝術的自然流露中已經做得很好的作品丟開另做，反而做得沒有原來那樣好。塔索丟開《被解放的耶路撒冷》，去做《被征服的耶路撒冷》，便是一個實例。同理，批評家們也往往因爲匆忙、懶惰、省察的缺乏、理論上的偏見、私人的恩怨以及其他類似的動機，把美的說成醜的，醜的說成美的。如果他們能消除這些擾亂的因素，他們就會如實地感覺到藝術作品的價值，不把它留給後世人（那個較勤勉而且較冷靜的裁判者）去給獎，去主張他們自己不曾主張的公道。

鑑賞力與天才的統一

從上述道理，我們可以看出批評和認識某事爲美的那種判斷的活動，與創造那美的活動是統一的。唯一的分別在情境不同，一個是審美的創造，一個是審美的再造。下判斷的活動叫做「鑑賞力」①，創造的活動叫做「天才」；鑑賞力與天才在大體上所以是統一的。

有一句常談：批評家要有幾分藝術家的天才，而藝術家也應有鑑賞力，這句話可約略

① 「鑑賞力」（taste）：有時譯為「趣味」，就是對於文藝的鑑別美醜的能力。「天才」（genius）在這裏指文藝的創造力。

見出天才與鑑賞力的統一。另一句常談也是如此：鑑賞力有主動的（創造的）和被動的（再造的）兩種。但是另有一些也是常說的話卻否定天才與鑑賞力的統一，例如說有鑑賞力而無天才，或有天才而無鑑賞力。這些話是無意義的，除非它們只是指分量的或心理的差別：有些人創造藝術作品，其中主要的部分出於靈感，次要的部分疏忽有缺點，就叫做有天才而無鑑賞力；有些人在片段的或次要的方面有優點，卻沒有足夠的力量做一個偉大的藝術綜合，就叫做有鑑賞力而無天才。其他類似的話也容易作類似的解釋。但是如果在鑑賞力與天才，藝術的創造與再造之中，設立一個根本的分別，則傳達與判斷就都變成不可思議了。我們如何能對陌生的東西下判斷呢？用某種活動造成的東西，如何能用另一種活動去判斷呢？批評家也許是一個小天才，藝術家也許是一個大天才；但兩人的天才的本質必仍相同。要判斷但丁，我們就須把自己提升到但丁的水準，從經驗方面說，我們當然不是但丁，但丁也不是我們；但是在觀照和判斷那一頃刻，我們的心靈和那位詩人的心靈就必須一致，就在那一頃刻，我們和他就是二而一。我們的渺小的心靈能應和偉大的心靈的回聲，在心靈的普照之中，能隨著偉大的心靈逐漸伸展，這個可能性就全靠天才與鑑賞力的統一②。

②「藝術的判斷」：就是藝術的批評。一般人以為創造靠天才，批評靠鑑賞力，是兩件不同的事。克羅齊以為批評須假道於再造，設身處地把原作者創作時心理過程在想像中再經歷一遍，然後可以判斷作品的美醜，在批評但丁時，就要了解但丁，就要把自己提升到但丁的地位，再造他所曾創造的作品，因此天才與鑑賞力，創作與批評，並沒有根本的分別。

與其他各種活動的類比

我們無妨趁便提及，以上關於審美的判斷一番話，也可適用到任何其他活動和任何其他判斷；科學的、經濟的和倫理的批評也都可作同樣看法。姑且只提倫理的批評來說，我們只有設身處地，去體會某人作某種決定的動機，才能判斷那人的決定是否爲道德的，否則一種行爲就無從了解，也就無從判斷。一個殺人者可以是壞蛋，也可以是英雄；這分別在某種限度以內對社會的防衛是無關宏旨的；無論他是壞蛋還是英雄，社會對他都要同樣懲處；可是我們如果要從道德的觀點去辨別判斷，殺人者是壞蛋還是英雄的問題就不是無關宏旨了；所以我們不能不把殺人者的個人心理研究出來，以便確定他的行爲的眞相，不僅是它的法律方面，尤其是它的道德方面。在倫理學裏人們也往往提到道德的鑑賞力或應付能力，相當於普通所謂道德的意識，即善良意志本身的活動。

評審美的絕對主義（理智主義）與相對主義

上述關於審美判斷或再造的一番說明，對於絕對主義者與相對主義者，承認鑑賞力的絕對性者與反對鑑賞力的絕對性者，既贊同而又指責。

絕對主義者肯定美是可以判斷的，這並不錯；但是這肯定所根據的理論卻不能成立，因爲他們把美（即審美的價値）認成不在審美活動裏面的一種東西，認成一種概念或模型，藝術家在他的作品裏就實現這概念，而批評家後來判斷那作品本身時，也還利用這概念。其實這類概念和模型在藝術中並不存在；因爲既已承認每種藝術都要從它本身上去判斷，而且它本身就是它的模型，這其實就已否認有美的客觀的（外在的）模型，無論這種模型是理智的概念，還是在形而上學的天空懸著的觀念。

在提出這意見時，他們的論敵，相對主義者，是很對的，比絕對主義者算是進了一步。但是他們的主張開始雖有理，後來卻也變成一種錯誤的理論。援引「談到趣味無爭辯」那句古話，他們相信審美的表現品與一般產生快感和不快感的東西性質相同，每個人對它有每個人的感覺，無從爭辯。但是我們明知產生快感和不快感的東西是功利的實踐的事實。從此可知相對主義者否認審美的事實有特殊性，又把表現混爲印象，認識的活動混爲實踐的活動了[3]。

眞正的解決辦法在把相對主義（心理主義）和錯誤的絕對主義都丟開，承認鑑賞力的標準是絕對的，但是不是像理智借理性化而顯現的那樣絕對，而是因爲想像有直覺的絕對性。

③ 克羅齊在這裏所說的絕對主義（absolutism）與相對主義（relativism），即文學批評中的教條主義與印象主義。前者相信美有客觀的標準，藝術有固定的規律，批評家拿這標準與規律去衡量作品，如同裁縫拿尺去量布；後者相信美無客觀的標準，藝術不應有固定的規律，嗜好人人不同，批評家如果誠懇坦白，就只能憑他自己在作品中所得的印象，批評是「心靈在傑作中的冒險」。克羅齊對這兩種主張都反對。

因此，眞正是表現活動的東西都應承認其爲美，表現的活動和被動④兩方面還在衝突而未解決的東西都應承認其爲醜。

評相對的相對主義

在絕對主義者與相對主義者之間還有第三類人物，可以叫做相對的相對主義者。他們承認其他範圍內有絕對價值，卻否認美學範圍內有絕對價值。他們以爲辯論科學或道德問題是合理的、可辯護的，因爲科學全靠共相，而共相對於一切人是共同的，道德全靠責任，而責任也是一個普遍的人性的規律；至於藝術全靠想像，怎樣能辯論它呢？但是不然，不僅想像的活動仍有普遍性，仍與邏輯的概念和實踐的責任一樣伏根於人性，而且這相對的相對主義還有一個首先就碰到的難點。如果我們否認想像的絕對性，就必同時否認理智的或概念的眞理的絕對性，骨子裏也就否認道德的絕對性。道德不要假定先有邏輯的分別麼？邏輯的分別可不要借文字表現，借想像的形式，才可以讓人明白麼？如果想像的絕對性取消了，心靈的生活就必從基礎倒塌下來。一個人就不能了解另一個人，或是一頃刻以前的自己（這在一頃

④ 被動（passivity）是自然或物質的特徵，猶如活動（activity）是心靈的特徵。活動與被動尚在衝突，即心靈尚未克服自然或物質。

刻以後看，已另是一個人）。

以刺激物與心理情況的多樣化為理由，對本說的反駁

不過判斷的分歧卻是一個無可置疑的事實。人們對於邏輯的倫理的和經濟的估價，意見常相左；對於審美的估價還是如此，或則更甚。我們在上文所舉的理由（匆忙、偏見、情欲等等）縱然可以減少這種分歧的重要性，卻不能消除它。在談再造的刺激物時，我們曾加了一句警告說：「如果一切其他條件都湊合」，再造才會發生。它們是否湊合呢？這假設是否符合事實呢？

它好像並不符合。要憑藉一個合宜的物理的刺激物，多次去再造一個印象，還有兩個重要的條件：第一，這刺激物始終一樣；其次，希望再造的印象原來在什麼樣心理情況發生，現在主體還要維持什麼樣的心理情況。事實卻不然，物理的刺激物常在變動，心理情況也常在變動。

油畫變黑暗，壁畫褪色，雕像失掉手腳和鼻子，建築全部或局部毀壞，樂曲的演奏法失傳，詩的正文被不高明的抄錄或印刷弄得錯脫，這些是物理的刺激物天天遇到變故的著例。至於心理情況，我們不消多說聾盲之類消失某某整個方面的心理印象，更重要的是那些基本的、日常的、不可避免的、無終止的社會的變動，以及我們個人生活的內心狀態的變動。但

丁的《神曲》的文字聲音對於參與第三羅馬⑤時代政治的那些義大利公民所生的印象，和它對於見聞較確、接觸較密的與詩人同時的人們所生的印象必不相同。掛在新聖瑪利亞教堂裏的契馬布埃⑥所畫的《聖母》，對現在的遊客和對十三世紀佛羅倫斯市民，意味是否相同呢？縱然它沒有因古舊而黑暗，我們不應該猜想它現在所生的印象大不如前嗎？就拿同一詩人來說，他的早年作品，老年再讀時，心理情況完全變了，能否產生同樣的印象呢？

評自然符號與習成符號的分別

有些美學家想在刺激物與刺激物，自然的符號與習成的符號之中立出分別，說自然的符號對於一切人有一致的效果，而習成的符號則只對於某一部分人才能生效果。他們相信：圖畫所用的符號是自然的，詩所用的符號是習成的。但是這種分別至多也只是程度上的。人常說圖畫是人人了解的語言，詩就不然：例如達文西就覺得圖畫的特長在「不像文字，不需要各種語文的傳譯者」，對於人和動物都能引起快感。他談到一個家庭中父親的畫像的故事，

⑤ 第三羅馬：古羅馬為第一羅馬，中世紀天主教會為第二羅馬，近代義大利為第三羅馬。

⑥ 契馬布埃（Cimabue 1240—1302）：義大利名畫家。他的《聖母像》畫成後曾轟動一時，成千成萬的群衆從他的畫室把那幅畫送到新聖瑪利亞教堂。

說「孩子們還在繦褓中就知道愛它，連家裏的貓狗也愛它」。但是也有另一些故事似乎使小孩和貓狗都懂圖畫這個信念要動搖，例如一個野蠻人把一個兵士的畫像認成一條船，把一個騎馬人的畫像認成只有一條腿。幸而人們無用辛苦研究，就可以明白畫、詩和一切藝術作品，只是對於有訓練的懂得它們的人們才能發生效果。自然的符號並不存在，一切符號都是習成的，說得更精確一點，都是受歷史條件決定的。

情況差別的克服

承認了這一點，我們如何能憑藉物理的東西把表現品再造出來呢？情況已不同了，如何能得到同樣效果呢？儘管有爲再造而設的物理的工具，儘管所謂再造都是新的表現品，我們是否就必斷定表現品不能再造呢？如果物理的和心理的情況的差別在本質上就不可克服，這就會是當然的結論。但是它們既沒有必不可克服的道理，我們就要斷定：只要我們能，而且願把自己擺在原來造作那刺激物（物理的美）時的那個情況中，再造總會發生。

我們能把自己擺在那個情況中，這不僅是一種抽象的可能，而且事實上我們確常這樣辦。假如不這樣辦，個人的生活（這就是我們與過去自我的交接）和社會的生活（這就是我們與旁人的交接）就都成爲不可能了。

修補還原與歷史的解釋

至於藝術再造所憑藉的物理的東西，把那些詩文的正文修補還原的古文字學者與語文學者，圖畫雕刻的修補還原者，以及其他勤勉的工作者所努力做的事，正是要使那物理的東西保持或恢復它原有的一切力量。這些企圖固然有時不成功，或不完全成功，因爲想叫修補還原的東西與原物銖兩悉稱，是不可能或難能的；但是這裏不可克服的也只是偶然才有，不應使我們忽略確實有些修補還原是成功的。

歷史的解釋努力把在歷史過程中已經改變的心理情況在我們心中恢復完整。它使死的復活，破碎的完全，以便我們去看一個藝術品（一個物理的東西）如同作者在創作時看它一樣。

這個歷史的工作有一個條件，就是傳統文獻[7]，借它才能把分散的光線集中於一個焦點上。我們借記憶的幫助，蒐集那物理的刺激物（作品）所由發生的一些事實，拿來擺在那刺激物的四周，因此使它影響我們，如同它從前影響創作者本人一樣。

傳統文獻如果斷絕了，解釋就得停頓；在這種情形之下，過去的作品對於我們就默然無語。因此，伊特拉斯坎[8]或墨西哥的碑刻那些表現品就是捉摸不著的。我們常聽到人類學者

---

⑦ 傳統文獻（tradition）：普通這字譯為「傳統」，這裏譯為「傳統文獻」，意思較為醒豁，它指過去的史料。

⑧ 伊特拉斯坎（Etruscan）：這字源於Etruria，羅馬時代的一個古國，在義大利中部。世界上有好些地方，像這種

們討論野蠻人的一些藝術作品是圖畫還是文字；考古學家和史前史學家們有時沒有把握去確定在某區域的陶器或其他用具上所發見的圖形是宗教性的還是世俗性的。但是解釋的停頓，像修補還原的停頓一樣，向來不是一個絕對不可克服的障礙。新史料逐日發見，運用舊史料的較好的新方法也逐日發見，而且這些方法還可望永在進步，這些都可以把斷絕的傳統文獻連接起來。

我們也不否認，錯誤的歷史解釋往往產生所謂「塗去舊字寫新字」的情形，把新表現品勉強安放在舊表現品上面，這是藝術的幻想而不是歷史的再造。所謂「過去時代的令人留戀」，一部分就由於我們把自己的這類新表現品織到歷史的表現品裏面去。因此人們在希臘造形藝術中發見到希臘人對於人生的靜穆的直覺，其實希臘人也很尖銳地感覺到人類盡有的愁苦；人們近來又在拜占庭⑨的聖像的面孔上發見「第一千年的恐怖」，其實這恐怖是起於一種誤解，或是後來學者們所造的傳說。但是歷史的批評恰恰就要限制這樣的幻想，要精密地確定我們應該採取的觀點。

用上述方法，我們常和古人和今人維持著交際；我們絕不應該因為我們偶爾，甚至常

古國，都有碑版出土，碑版上的文字尚待考古學家與古文字學者去發見。

⑨ 拜占庭（Byzantium）：東羅馬帝國的都城，古代及中世紀東方藝術的中心。傳說黑暗時代的歐洲人相信耶穌紀元第一千年就要見到末日的審判，所以有「第一千年的恐怖」的話。

常，遇到一個不知道的或知道不清楚的東西，就斷定說：所以我們自信在與旁人對話時，其實只是在獨語；或是說：我們就連過去向自己說的獨語，現在也無法複述。

第十七章　文學與藝術的歷史

文學與藝術中的歷史批評，它的重要性

用什麼方法才能把藝術作品所由產生的原來情況完整地恢復過來，因而使再造與判斷可能，上文已作了簡單的說明；從這說明中可以見出，藝術與文學作品的歷史的研究負有如何重要的職責，這種研究就是通常所謂文學與藝術的歷史的批評或歷史的方法。

如果沒有傳統文獻和歷史的批評，人類所造成的全部或幾乎全部藝術作品的欣賞就會喪失而不可恢復，我們就會不比動物好多少，全困在現時或最近的過去中。一個人重新整理一部書的可靠的本文，解釋已被遺忘的文字和風俗，研究一個藝術家的生活情況，完成一切工作，使藝術作品的品質和本來色調復活，他是不應受到鄙視與嘲笑的。

歷史的研究往往受到鄙薄或否定，因爲假定了或證明了這些研究在多數事例中，不能使我們眞正了解藝術作品。但是我們首先要說明，歷史的研究並不以幫助再造和判斷藝術作品爲唯一的目的；比如說，一個作者或藝術家的傳記和一代風俗的研究，都有它們自己的用處，對藝術的歷史雖是題外事，對別種史學卻並非題外事。如果說有些研究好像沒有什麼用處，不能實現什麼目的，我們必須回答：歷史學者往往不得不擔任一個蒐集事實者的有用而卻不甚榮耀的任務。這些事實在暫時儘管是無形式的、不連貫的、無意義的，對於未來的史學家和需要用它們的人們卻是寶藏。如同在一個圖書館裏，人不常看的書籍還是編目擺在架上，因爲有時也許有人要看它們。固然，正如一個聰明的圖書館長比較重視他所認爲比較有

用的書籍，把它們採購來，加以編目，聰明的學者們也有一種本能，在所考核的許多事實材料中，認出哪些比較有用；至於另一批學者們，資稟較差、智力較弱，比較急於生產，卻堆積一些無用的七雜八拉的渣滓垃圾，迷失在瑣細節目與無聊討論裏。但是這是關於研究的經濟的考慮，與我們不相干。它至多只影響到選擇那些題材的主人，花錢印刷的發行人，和被邀請來讚揚或指責這些研究工作者的批評家們。

在另一方面，歷史研究的目的在闡明藝術作品，顯然不能單獨地就能使那作品在我們的心中復活起來，把我們擺在可以判斷它的地位；它須先假定有鑑賞力或靈活的有修養的想像力。最淵博的歷史學問可以伴著粗疏的或有其他缺點的鑑賞力和遲鈍的想像力，或是像人們所說的，一顆不通藝術的冷硬的心。哪一個壞處較小呢？學問淵博而鑑賞力低劣，還是天生成有鑑賞力而無學問呢？這問題常有人問，最好的方法也許是否認它有任何意義，因爲我們不能說哪一個壞處較小，也不能說這問題究竟怎樣講。僅僅有學問的人永不能與偉大人物有心靈的交通，他總不免徘徊於偉大人物的宮殿外天井裏，樓梯上或外接待室裏；至於有天資而無學問的人們則經過藝術傑作不得其門而入，否則不從本來面目上了解藝術作品，只憑幻想虛構另一些藝術作品。前一種人的工作至少可以幫助旁人了解，後一種人的天才對於知識卻毫無裨補。從科學方面說，我們如何能不寧願要小心謹慎的學問家，而不要雖有資稟而卻不能令人置信的批評家呢？如果這種批評家自甘徘徊於離眞理很遠的地帶，他其實也就不算眞正有天才了。

文學與藝術的歷史，它與歷史批評的分別，與審美判斷的分別

我們須把三件事精確地分別出來：㈠藝術與文學的歷史與㈡使用藝術作品爲材料，而目的卻不在審美的那種歷史工作，㈢準備作再造的審美綜合用的那種歷史的學問。

頭兩項的分別是明顯的。藝術與文學的歷史以藝術作品本身爲主要的物件，第二項那些工作把藝術作品當作證人傳訊，要發見不屬審美範圍的事實眞相。第一項與第三項的分別好像沒有那樣深奧，卻仍是很大的。用來幫助了解藝術作品的那種淵博學問只有一個目的，就是引起某種內在的事實，某種審美的再造。只有這種再造實現了以後，藝術與文學的歷史才可以出現，所以歷史是進一步的工作。

像一切其他歷史一樣，文藝史的目的在據實記載眞正發生過的事實，這就是藝術和文學的事實。一個人在得到了必須的歷史知識以後，在自己心中把一個藝術作品再造出來，加以玩味；這種人可以只是一個具有鑑賞力的人，或是至多只能用一聲讚賞或責罵來表出他的感覺。這並不足以造成一個文學與藝術的歷史家。要做這種歷史家，他還須在這簡單的再造之後，接著有一種新的意匠經營。這就要另產生一種表現品，再造的表現品，即歷史的描寫、敘述或表象。因此具有鑑賞力的人與歷史家有這樣一個分別：前者只在自己心中把藝術作品再造出來，後者在再造之後，再用歷史的方式去表現它，或是應用我們說過的歷史所以別於

純藝術的那些範疇①。藝術與文學的歷史所以就是一個歷史的藝術作品，建築在一個或一個以上的藝術作品基礎上。

「藝術的」或「文學的」批評家一個名稱有各種意義：有時它指研究文學的學者，有時它指闡明過去藝術作品眞相的歷史家，更普通的是指兩種人合而爲一。有時「批評家」作狹義用，專指當代文學作品的判斷者與描寫者，而「歷史家」則專指討論時代較遠的作品者。這都是語文的習慣用法和經驗的分別，可以略而不論；因爲眞正的分別只在「學者」，「具有鑑賞力者」與「藝術史家」。這些名稱指先後銜接的三個階段的工作，每一階段都是後依前而前不依後。我們已經說過，一個人可以只是學者而卻不很能了解藝術作品；他也可以具備學問與鑑賞力，卻只能感覺藝術作品，而不能重新衡量它，寫出一頁藝術與文學的歷史來。但是眞正完備的歷史家一方面以具備學者與具有鑑賞力者的雙重本領爲必有的基礎，一方面在這些本領以外，還有歷史的識見與歷史敘述的才具。

① 詳見第四十頁「歷史——它與藝術的同異」，要點在純粹的直覺品沒有實在的與非實在的分別；歷史的直覺品有這個分別。

藝術史與文學史的方法

藝術與文學的歷史方法論有種種問題和難點，其中有些通於一般歷史的方法論，有些從藝術概念本身生出，所以專屬於藝術與文學的歷史。

評藝術起源問題

歷史通常分爲人類史、自然史、人類自然混合史三種。在這裏姑且不討論這區分是否穩妥，藝術與文學的歷史顯然必屬於第一種，因爲它涉及心靈的活動，人所特有的活動，這種活動既是它的題材，討論「藝術起源」那個歷史問題就顯然妄誕；而且我們還要指出，這個名詞在不同的時候指不同的事物。「起源」往往指藝術事實的本質或性格②；就這個意義說，人們所企圖討論的就是一個眞正的哲學或科學的問題，也正是本書所要解決的問題。「起源」又往往指觀念的產生③。尋求藝術的理由，從兼包心靈與自然兩概念的最高原則推出藝術的事實。這也是一個哲學的問題，對前一問題是補充，實在就和前一問題相同。可是

---

② 「起源」指藝術的事實的本質或性格，這普通叫做「心理的起源」，以別於「歷史的起源」。亞里斯多德在《詩學》裏談詩起源於「模仿本能」和認識「某即為某」的快感，就用「起源」的這個意義。克羅齊以為藝術起源於直覺，並且主張「起源」只能這樣當作「本質」解釋，不能當作歷史的意義講。

③ 「觀念的產生」（ideal genesis）：指從觀念或原則推出藝術所以存在的理由。

人們往往憑藉牽強的半幻想的形而上學把這問題解釋得很奇怪，解決得也很奇怪。但是藝術起源問題的目的如果在發見藝術的功能恰以何種方式在歷史上形成，就不免我們所說的妄誕。表現既是意識的最初形式，我們如何能替本非自然的產品，而且須先假定有它才能有人類歷史的那件東西④尋歷史的起源呢？一切歷史的程式和事實都要借藝術這一個範疇才能了解，我們如何能替這個範疇溯歷史的起源呢？這種妄誕起於拿藝術和人類各種制度作比較，這些制度曾在歷史過程中形成，曾在或可在歷史過程中消滅。藝術的事實與人類制度（例如一夫一妻制、佃田制）有一個分別，與化學中原子與化合物的分別相似。原子的形成是不能指出的，如能指出，它就不是原子而是化合物。

藝術起源問題作歷史意義解釋，只有一件事有理由可做，就是不去探討藝術範疇的形成，而只探討在何時何地藝術第一次出現（這就是說，很明顯地出現），出現在地球上某一點或某一區域，在歷史上某一點或某一時期，這就是說，它的研究物件不是藝術的起源，而是藝術的最初的或原始的歷史。這問題與人類文化何時出現於地面的問題其實相同。解決的資料固然還缺乏，但是在抽象理論上還可能有解決，事實上試探性的和依假設的解決方案已經很多。

---

④ 先有不分別實在與不實在的純藝術的直覺品，然後才能有分別實在與不實在的歷史的直覺品，所以藝術先於歷史。藝術既先於歷史，我們就不能替藝術尋歷史的起源。

進步原則與歷史

人類歷史的每一個敘述都用「進步」這個概念做基礎。但是「進步」不應指那個想像的「進步律」⑤；人們假想有這進步律以不可抵禦的力量，在引著一代又一代的人類，按照我們先僅猜測到而後才能理解到的天意安排的計畫，朝著一個未知的命運走。這種假設的規律就是否定歷史本身，否定使具體事實有別於抽象觀念的那種偶然性、經驗性和不可確定性。同理，進步與所謂「進化律」⑥也無關，進化律如果是指實在界常在演變（實在界之所以為實在界，就因其常在演變），那就不能叫做一個「規律」；如果把它當作一個規律看，那就和上述意義的進步律是一件事。我們在這裏所說的「進步」不過就是人類活動那個概念本身，這人類活動運用自然所供給的材料，克服了那材料的障礙，使它屈就自己的範圍，完成自己的目的。

把進步看成應用於某種已有材料的那種人類活動，這個看法才是人類歷史家的觀點。除非一個只是散漫的事實的蒐集者，一個單純的古董家，或是一個不求連貫的編年紀事者，一

⑤「進步律」（the law of progress）：有些學者——尤其是十八世紀的學者——相信人類逐漸向完善方面走，所以天天在進步。人類史彷彿有一個天意定的目的，人類行動都不知不覺地沿著一條直線向那目的走。克羅齊反對此說。

⑥「進化律」（the law of evolution）：evolution一字原義只是「演變」，從達爾文的《物種源始》起，「演變」和「進步」兩個觀念遂聯合起來，於是一般人遂把它譯為「進化」。

個人如果沒有一個確定的觀點，對於他要預備寫的歷史要用的事實沒有他自己的一種看法，他就不能就人類事實作出絲毫的敘述。沒有人從生糙的事實的亂堆出發，可以做出一部歷史的藝術作品，除非他能從一個確定的觀點作全面觀察，從那生糙的無形式的頑石堆中雕出一個有定形的雕像。敘述實踐行爲的歷史家須知道經濟是什麼，道德是什麼；數學史家須知道數學是什麼；植物學史家須知道植物學是什麼；哲學史家須知道哲學是什麼。如果他實在不知道這些東西，他至少也要有一種幻覺，自以爲知道，否則他就連妄信自己是在寫歷史也不可能。

每一篇人類事務的敘述，每一篇人類行動與經歷的敘述，都必有這種主觀的原則或標準（這與處理事實資料的極端的客觀、公正、謹愼，都爲可以並行不悖，其實主觀的原則就是組成這些史德的一個要素），這道理我們在這裏無需再加詳說。只消打開任何一部歷史一讀，馬上就可以發見作者的觀點，如果他是一位名副其實的歷史家，知道他的任務。在政治史家或社會史家之中，有自由派、反動派、理性派和正統派；在哲學史家之中，有形而上學派、經驗學派、懷疑派、唯心派和精神派。純然歷史的歷史學家不存在，也不能存在。修昔底德[7]和波利比烏斯[8]，蒂托．李維[9]和塔西陀[10]，馬基維利[11]和圭恰迪尼[12]，嘉南勒[13]和伏爾泰[14]諸史家絲毫沒有道德的和政治的見解麼？在我們的時代，基佐[15]或梯也爾[16]，麥考萊[17]和巴爾波[18]，蘭克[19]或蒙森[20]，不也是如此？在哲學史方

---

⑦ 修昔底德（Thucydides 西元前471—400）：希臘大史學家，他最大的歷史著作敘述雅典與斯巴達的戰爭。

⑧ 波利比烏斯（Polybius 西元前205—125）：羅馬大史學家，他的歷史著作敘述西元前二六四至一四六年的史事，全書四〇卷，現僅存五卷。

⑨ 蒂托．李維（Livius 西元前59—17）：羅馬大史學家，著有羅馬史。全書一四二卷，現僅存三五卷。

⑩ 塔西陀（Tacitus 約55—約120）。羅馬大史學家，著作甚多，重要的有《日耳曼地方誌》、《編年史》諸作。

⑪ 馬基維利著有《佛羅倫斯史》。

⑫ 圭恰迪尼（Guicciardini 1483—1540）：義大利史學家，他的歷史著作敘述文藝復興時代的義大利。

⑬ 嘉南勒（Giannone 1676—1748）：義大利史學家，他的歷史著作敘述那不勒斯的立法的經過。

⑭ 伏爾泰（Voltaire 1694—1778）：著名的法國哲學家，著有《路易十四時代》。

⑮ 基佐（Guizot 1787—1874）：法國政治家和歷史家，著有《英國革命史》、《歐洲文明史》、《法國文明史》諸書。

⑯ 梯也爾（Thiers 1797—1877）：法國歷史家。

⑰ 麥考萊（Macaulay 1800—1859）：英國歷史家，著有英國史。

⑱ 巴爾波（Balbo 1789—1853）：義大利史學家。

⑲ 蘭克（Ranke 1795—1886）：德國大史學家，著有《世界史》和《羅馬教皇史》。

⑳ 蒙森（Mommsen 1817—1903）：德國大史學家及考古學家，他的《羅馬史》是近代一部史學名著。

面，從黑格爾（他是第一人把哲學史的地位提得很高）[21]到芮特[22]、采勒[23]、庫辛[24]、路易士[25]和我們義大利的斯巴文陀[26]，有哪一位沒有他的對於進步的看法和判斷的標準呢？在美學史方面，哪一部有價值的著作不是從某某觀點、某某傾向（黑格爾派或是赫爾巴特派）[27]、某某觀點（感官主義的、調和折衷的或某某其他的）寫成的呢？如果歷史家要避免不可避免的左右袒，他就必變成一個政治的或科學的閹宦，而歷史並非閹宦的勾當。這種人至多只能編纂一些大部頭著作，包含一些雖非無用而卻軟弱無力的淵博學問，有人說它們有「僧侶氣」，並非無理。

一個進步的概念、一個觀點、一個原則或標準既然是不可少的，最好的辦法就是不要避免它而儘量地去找一個最好的。每人在鄭重辛苦地形成自己的見解時，都朝著這個目標走。自認只審問事實而不參加己見的歷史家們都不可靠。他們說這話，就最好的意義來說，也是

㉑ 黑格爾著有《哲學史》。

㉒ 芮特（Ritter 1791—1869）：德國哲學史家。

㉓ 采勒（Zeller 1814—1908）：德國學者，希臘哲學史的權威。

㉔ 庫辛（Cousin 1792—1867）：法國哲學家，著有《哲學斷片》。

㉕ 路易士（Lewes 1817—1878）：英國作家，著有《哲學的傳記史》及《歌德傳》。

㉖ 斯巴文陀（Spaventa 1817—1883）：義大利的黑格爾派哲學史家。

㉗ 黑格爾派美學史家大半從唯心主義哲學出發。赫爾巴特派反對這種出發點，主張就藝術而論藝術，比較近於自然科學的態度。

由於他們的呆笨和錯覺。如果他們眞是歷史家，就不免要參加一點己見，儘管他們自己不覺得，或則他們自以爲曾設法避免己見，因爲它們只暗示己見；這其實是最委婉、透闢、有效的表達己見的辦法。

藝術的與文學的歷史中的進步不是一條單線的

藝術與文學的歷史並不比它種歷史較易丟開進步原則。我們不能說明某一個藝術作品是什麼，除非從某一個藝術的概念出發，確定該作品的作者所要解決的藝術問題，再看他是否把那問題解決了，或是在某一點他想要解決而失敗了，失敗的程度如何。但是有一點須注意：進步原則在藝術與文學的歷史中所取的形式，與它在科學的歷史中所取的（或是人們相信它所取的）形式，並不相同。

人們通常把全部科學的歷史看成沿著一條單線前進或後退。科學是共相，它的問題都安排成一個大系統或是一個相容並包的大問題。凡是思想家們都同是在探討一個問題，即實在與知識的性質；無論是沉思的印度人和希臘哲學家，基督教徒和伊斯蘭教徒，光頭和包巾的頭，還是戴假髮的頭和戴學院制帽的頭（像海涅㉘所說的）。未來的人們也會像我們一樣在

㉘ 海涅（Heine 1797—1856）：德國著名詩人，引語見他的一首詩：《問題》。

這問題上勞心焦思。這種單線的看法對於科學是否正確，不是短時間所能討論的。但是它對於藝術卻是錯誤的；藝術是直覺，直覺是個別性相，而個別性相向來不複演。把人類藝術造作的歷史看成沿一條前進和後退的單線發展，所以完全是錯誤的。

帶幾分概括和抽象的意味，我們至多只能說：審美的作品的歷史現出一些進步的週期[29]，但是每週期有它的特殊問題，而且每週期只能就對於那問題說，是進步的。許多人都按照一個大致相同的方式，在同一題材上用工夫，沒有能給它一個恰當形式，但是總在逐漸逼近恰當形式，那據說就是進步；等到一個人出來找到了那個恰當形式，那週期據說就已完成而進步也就終止了。一個典型的例證就是義大利文藝復興時代從浦爾契[30]到阿里奧斯托（姑舉此爲例，請寬恕過度的簡單化）那時期運用騎士風爲題材的風氣的進步。在阿里奧斯托以後，運用那個題材的結果就只是複述和模仿，縮簡或誇張，把前人所已做到的加以損毀，總之，只是衰頹。阿里奧斯托的仿效者可以爲證。一個新週期開始，進步也就開始。賽凡提斯可以爲證，他有較開朗的自覺的諷刺風味。十六世紀末葉義大利文學的普遍衰頹由於

㉙「進步的週期」（progressive cycles）：依這個看法，文藝史上的進步並非直線的，而是有波折起伏的。例如中國詩，四言、五言、七言、古體、律體、詞、曲各自成一週期：在它的週期內，五言（或其他體）萌芽，興盛以至於衰落，有進步的程式；後起的詩體對於它不一定是進步。

㉚浦爾契（Pulci 1432—1484）：義大利浪漫式史詩的創始人。從他起一直到阿里奧斯托，羅蘭（Roland，義大利文為Orlando）及其他騎士的事蹟是詩人最愛寫的題材。

什麼呢？全由於沒有新的話可說而只複述和誇張已經發見過的母題。如果這時期的義大利人只要能表現他們自己的衰頹，那就不會完全是失敗，就會預兆復興時期㉛的文學運動。如果題材不一致，進步的週期便不存在。莎士比亞不能看作對於但丁的進步，歌德也不能看作對於莎士比亞的進步。不過但丁對於中世紀末的靈見派作者㉜，莎士比亞對於伊莉莎白朝的戲劇作者，歌德以他的《維特》和《浮士德》第一部㉝對於狂飆突進時代㉞的作者，都可以說是進步。這種敘述詩歌和藝術的歷史的方式；前已聲明，含有幾分抽象的，純是實踐的意味，沒有嚴格的哲學的價值。不僅是野蠻人的藝術，就其爲藝術而言，並不比文明人的藝術遜色，只要它眞正能表現野蠻人的印象，而且每個人，乃至每個人的心靈生活中每一頃刻，都各有它的藝術的世界；這些世界彼此不能在價值上作比較。

㉛ 復興時期（risorgimento）：指義大利在十九世紀中葉進行統一運動的時期。那時文學界領袖是孟佐尼。

㉜ 「中世紀的靈見派作者」（the visionaries of the middle ages）：義大利在中世紀抒情詩最發達，大半受法國南部普羅旺斯省詩人的影響，愛情是主要的題旨。vision原義為宗教信徒在默想中所見的境界，visionary有過信幻想不察事實的意思。中世紀義大利的典型的靈見派人物是方濟各（St · Francis of Assisi 1182—1226），一位極虔誠的宗教家，著有《日頌》對當時詩壇頗有影響。

㉝ 《維特》（Werther）和《浮士德》第一部都是德國大詩人歌德的早年名著。前者是書信體小說，後者是詩劇，都很富於當時的浪漫主義的色彩。

㉞ 「狂飆突進」（Sturm und Drang）：指德國在十八世紀末的文學運動，即浪漫運動的高潮。主要的領袖是歌德、席勒和赫爾德（Herder）。

一些違犯這個規律的錯誤

許多人曾違反而且仍在違反藝術史與文學史的進化原則的這個特殊形式㉟。例如有些人說喬托㊱時代義大利藝術還在幼稚期，到了拉斐爾和提香㊲才達到成熟期，好像是說喬托還沒有十分完善。就他的心靈所得到的感覺材料來說，他確實不能像拉斐爾那樣畫人物，或是像提香那樣著色；但是拉斐爾或提香能否創作《聖佛蘭西斯與貧窮結婚》或《聖佛蘭西斯之死》那樣的作品呢？喬托的心靈並不感覺到人體美，而文藝復興時代的藝術家們則抬高人體美而致力研究，拉斐爾和提香的心靈對十四世紀人們所眷戀的熱烈與溫柔已不感興趣。比較的根據既不存在，如何能作比較呢？

藝術史的著名分類把藝術分為㈠東方時期，理念與形式不平衡，形式溢於理念；㈡古典時期，理念與形式平衡；㈢浪漫時期，理念與形式又不平衡，理念溢於形式㊳；這也是犯了上述錯誤。又有人把藝術分為㈠東方藝術，形式不完善；㈡古典藝術，形式完善；㈢浪漫藝術，形式內容都完善；這還是犯了同樣的錯誤。「古典的」與「浪漫的」兩詞，在它們的許

㉟「這個特殊形式」指上文所說的「進步的週期」。

㊱喬托（Giotto 1267—1337）：義大利早期大畫家，他的畫在技巧上雖還幼稚，所表現的宗教熱情卻很深厚。

㊲拉斐爾（Raphael 1483—1520）和提香（Tiziano 1490—1576）都是義大利文藝復興末期的大畫家。義大利畫在他們的時代技巧成熟到了最高峰。

㊳這是黑格爾的主張，詳見他的《美學》的導言。

多意義之外，又得到進步的或退步的時期那麼一個意義，所謂進步或退步是看它能否實現某一種假定的藝術理想。

進步對於美學的其他意義

因此，人類在審美方面是無所謂進步的。不過「審美的進步」往往並不指上下兩詞聯在一起所眞正指的東西，而是指我們的歷史和知識永遠在增加積累，使我們對一切時代、一切民族的藝術都能同情，或是像人們常說的，使我們的趣味更普遍。如果拿十八世紀和我們的時代相比，這分別就顯得很大；十八世紀很固步自封，而我們對於希臘羅馬藝術（現在比從前懂得較清楚）、拜占庭、中世紀、阿拉伯和文藝復興的藝術、十五世紀藝術、巴洛克藝術㊴、十八世紀藝術，都一律欣賞。埃及、巴比倫、伊特拉斯坎諸地藝術，甚至史前藝術，都一天一天也研究得漸深。野蠻人與文明人的分別實不在人類天賦能力方面。野蠻人有語言、理智、宗教和道德，和文明人一樣，他也是一個完全的人。唯一的分別在於文明人用認識和實踐的活動，在宇宙中探尋到而且掌握到的疆域，比野蠻人的要廣大些。我們不能說我們比伯

㊴「巴洛克藝術」（baroque art）：巴洛克的原義為粗糙不完美的珍珠，後來用來形容文藝復興時代雕飾得過分而且奇怪的藝術。這種藝術在十八世紀義大利和法國極盛。

里克里斯[40]時代（舉例來說）的人們在心靈方面更靈活；但是也沒有人能否認我們比他們更豐富些——我們有了他們的財產，再加上許多其他民族和其他時代的財產，還不消說我們自己的財產。

審美的進步還另有一個也不正確的意義，就是指某一時代比另一時代所產生的藝術作品比較多，不完善或低劣的作品比較少。例如義大利在十三世紀末或十五世紀末[41]可以說是有一種審美的進步，或藝術的醒覺。

最後，審美的進步往往當作第三個意義用，指的是最文明的民族的藝術作品所表現的心靈狀態的精微與繁複，比起文明程度較低的民族和野蠻人的較爲進步。但是這所謂進步屬於一般心理條件與社會條件，而不屬於藝術的活動；對於藝術的活動，材料如何是無關緊要的。

關於藝術與文學的歷史方法，應該說的要點如此。

---

[40] 伯里克里斯（Pericles）：西元前五世紀雅典鼎盛時代的執政，希臘的哲學文學和藝術在當時都到了最高峰。

[41] 即但丁的時代和阿里奧斯托的時代。

第十八章 結論：語言學與美學的統一

本書提要

把已走過的路回看一下，就可見我們已完成本書的全部計畫了。我們研究了直覺或表現的知識的性質，這就是審美的或藝術的事實（第一、二章）；描寫了知識的另一形式——理性的知識，以及這兩種形式的漸次的錯綜（第三章）；因此，我們就能批評一切錯誤的美學理論，這些錯誤都起於混淆直覺的形式與理智的形式，以及把甲形式的特質轉置於乙形式（第四章）。我們於是趁便把在理性知識和史學理論中一些反面的錯誤也指出（第五章）；進一步探討審美的活動與心靈的其他活動（不是認識的而是實踐的）的關係。我們說明了實踐活動的本質，以及它對認識活動所占的地位，因此批評到實踐的概念對於美學理論的侵越（第六章）。我們於是把實踐活動辨明為經濟的與倫理的兩種形式（第七章），而且達到一個結論：除掉所分析的四種以外，心靈沒有其他形式；因此（第八章）批評到各種神秘的或幻想的美學。既沒有其他心靈形式與上述四種形式平行，這已成立的四種也不能再分。由此說到表現品不能分類，批評了把表現品分為簡單的與雕飾的，以及作其他類似分類與再分類的修辭學（第九章）。但是依照心靈的統一律，審美的事實同時也是實踐的事實，唯其如此，它引起快感與痛感。這就引我們研究一般價值的感覺，尤其是審美的價值的感覺（第十章）；批評審美的快感主義的各種形態和錯綜複合（第十一章），並且把從前侵越美學的許多心理學的概念排出美學的系統之外（第十二章）。從審美的創造進到再造的事實，我們開首就研究審美的表現品的外射；這是爲再造而設的，它叫做「物理的美」，無論是自然的或人爲的（第十三章）。根據這個分別，我們批評了混淆物理事實與審美事實的錯誤（第十四章）。我們確定了藝術技巧的意義，技巧是爲再造用的；因此批評到各種藝術的區別、界限和分類，並且確定了藝術、經濟、道德三者的關係（第十五章）。因爲物理的東西並不足以充分刺激審美的再造，我們必須回憶那刺激物原來活動的情況，才能再造，所以我們就研究到歷史學的功能在於建立想像與過去作品之中的交通，作爲審美判斷的根據（第十六章）。我們結束時說明這樣得來的再造品後來如何被思想的範疇闡明，這就是探討文學與藝術的歷史方法（第十七章）。

總之，我們就審美的事實本身研究過，又就它與其他心靈的活動，快感與痛感，物理的事實，記憶和歷史處理的關係一一研究過。審美的事實在我們面前由主體變成物件，這就是說，由它產生的時刻，逐漸變成對於心靈來說是歷史的題材。

如果從外表上拿本書和通常討論美學的大部頭著作比較，本書也許是很單薄。但是它並不單薄，如果我們看出那些大部頭著作十分之九都是些不相干的材料，例如假充審美概念的心理學的或形而上學的定義（雄偉的、喜劇的、悲劇的、詼諧的之類），關於所謂美學的動物學、植物學和礦物學的敘述，以及用審美方式評判過的普通歷史；具體的藝術史與文學史也整部地拉進美學裏來，而且通常是割裂過的；它們備載對於荷馬和但丁、阿里奧斯托和莎士比亞、貝多芬和羅西尼①、米開朗基羅和拉斐爾的評判。如果這一切都從那些大部頭著作中一筆勾銷，我們就頗可自豪地說，本書不但不能算是太單薄，反而比普通美學書籍豐富的多，它們或完全忽略了大部分美學所特有的難問題，或僅約略提及。這些問題是我們認為在職責上應該研究的。

語言學與美學的統一

我們雖已把美學當作表現的科學加以四面八方的研究，現在還應說明我們爲什麼替本書加上「普通語言學」一個別名；說明我們何以主張藝術的科學與語言的科學，美學與語言學，當作眞正的科學來看，並不是兩事而是一事。世間並沒有一門特別的語言學。人們所孳孳尋求的語言的科學，普通語言學，就它的內容可化爲哲學而言，其實就是美學。任何人研究普通語言學或哲學的語言學，也就是研究美學的問題；研究美學的問題，也就是研究普通語言學。語言的哲學就是藝術的哲學。

如果語言學眞是一種與美學不同的科學，它的研究對象就不會是表現。表現在本質上是審美的事實；說語言學不同美學，就無異於否認語言爲表現。但是發聲音如果不表現什麼，

① 羅西尼（Rossin 1792—1868）：義大利大音樂家。

那就不是語言。語言是聲音爲著表現才連貫、限定，和組織起來的。從另一方面說，如果語言是美學中一門特種的科學，它就必須有一類特種的表現。但是我們已經說明了表現不能分類的道理。

語言學的問題化成美學的公式：語言的性質

語言學所要解決的問題，和它所常犯的錯誤，也正和美學中的相同。把語言學的哲學問題化成美學的公式，有時雖不是易事，卻總是可能的。

關於語言學的性質的爭辯也和關於美學的性質的爭辯相同。例如人們常爭辯：語言學是一種歷史的訓練，還是一種科學的訓練。歷史的與科學的既有分別，於是人們又問：語言學屬於自然科學，還是屬於心理科學？所謂心理科學同時指經驗的心理學和關於心靈的各種科學。美學也有這種情形。有人把美學認成一種自然科學（把「表現」一詞的審美的和物理的兩種意義混淆起來），又有人把它認成一種心理科學（把就普遍性相而言的表現和諸表現品的經驗的分類混淆起來），另外又有人否認這種題材有成爲科學的可能，把美學看成只是歷史事實的結集。這幾種人都沒有認識到美學是一種討論活動或價値的科學，即一種心靈的科學。

語言學上的表現品，即語文，似常被人看成「驚歎」的事實，屬於感覺的生理表現，是人與動物所共有的。但是人們不久就看出：在只是痛感的生理反射的那一聲「哎喲！」與一句話之中，以及在這個發洩痛感的「哎喲！」與當作一句話用的「哎喲！」之中，都有一個鴻溝。於是「驚歎」說就被放棄了（德國語言學家們戲稱爲「哎喲說」），聯想說或約定俗成說就接著起來了。駁倒了一般審美的聯想主義的理由也就可駁倒這個聯想說：語言是諸意象的整一體，不是它們的複合體，複合不能解釋表現，而須先假定尙待解釋的表現。語言學的聯想主義還有一個變相，就是模仿說或形聲說，德國語言學家們譏爲「喔唔說」，這是由模仿犬吠聲來的。依主張形聲說者看，犬就由它的吠聲得名②。

現代最普通的關於語言的學說（粗淺的自然主義除外）是一種調和折衷，即上述諸說的混合。語言據說一部分由於驚歎，一部分由於形聲和約定俗成。由於十九世紀後半期哲學的衰頹，才有這種折衷的學說產生。

語言的起源與發展

最明白語言活動性的那些語言學家們也還犯了一個錯誤，我們在這裏應該指出，他們以

---

② 關於語言的起源，希臘時代即有自然與人為兩說。近代德國語言學者馬克斯・繆勒（Max Müller）把近代學說分為三種：㈠喔唔說，以為人的語言是模仿動物的叫聲；㈡哎喲說，以為人的語言是由發洩情感的驚歎聲發展成的；㈢喲嘻呵說，以為人的語言起源於共同勞動時大家同發的聲音。

爲語言在起源時是一種心靈的創造，但是後來借聯想而擴充光大。這分別並不確實，因爲這裏所謂起源只能就性質或性格說；如果語言是心靈的創造，它就應永遠是創造；如果它是聯想，它也就應從始就是聯想。已成就的表現品必須降到印象的地位，才能產生新的表現品；沒有抓住這個美學基本原則，才會有這個錯誤。我們開口說新字時，往往改變舊字，變化或增加舊字的意義；但是這過程並非聯想的而是創造的，雖然這創造所用的材料，並不是假想的原始人的印象，而是許多年代以來都在社會中生活著的人的印象，這社會的人已經在他的心理機構中儲蓄了許多東西，其中有同樣多的語言。

文法與邏輯的關係

審美的事實與理智的事實的分別問題，在語言學中就是文法與邏輯的分別問題。這問題曾以兩種片面正確的方式解決過，即邏輯與文法的不可分性和可分性兩說。但是完善的解決是：邏輯形式雖然不能離開文法（審美的）形式，而文法形式卻可離開邏輯形式。

文法中詞的種類

如果我們看一幅畫，例如描寫一個人在鄉間路上走的畫，我們可以說：「這幅畫表示一個運動。這運動如果看成出於意志的，就叫做動作；因爲每個運動須有一個物體，每個動作須有一個發動作的人物，這幅畫也表示一個物體或人物。但是這運動發生在一個固定的地方，一顆固定的行星（地球），說精確一點，地球上叫做『陸地』的一部分，再說精確一點，陸地上有草木的一部分，叫做『鄉間』，鄉間自然地或人爲地劃成一種形式，叫做『路』。叫做『地球』的那顆行星只有一個：它是個體。但是『陸地』、『鄉間』、『路』都是總類或共相，因爲此外還有旁的陸地、鄉間和路。」同樣的考慮還可以繼續下去。如果把一句話來代替我們所假想的畫，我們可以說：「彼得在一條鄉間路上走。」複述上文的話，我們就得到「動詞」（運動或動作）、「名詞」（物體或動作者）、「專門名詞」、「普通名詞」之類的概念③。

在這兩個事例中，我們在做什麼呢？不過是把原來只以審美形式出現的東西，加以邏輯的闡明；這就是說，我們毀去了審美的東西，來換上邏輯的東西。但是在普通美學中，如果要從邏輯的回到審美的，追問運動、動作、物體、人物、普通、個別等等的「表現」是什麼，那就錯誤了。在語言中也是如此，如果把運動或動作叫做「動詞」，人物或物體叫做「名詞」；如果語言學的範疇，即詞的種類，被看成由這些名詞、動詞等等組成，那也就錯

③ 文法中詞的種類即普通文法書所謂parts of speech，通常分為名詞、動詞等八類。本章需與第一一一頁第九章參看。

誤了。詞的種類說其實就是藝術與文學的種類說，這後一說已經批評過了。

如果說名詞或動詞用固定的字表示，眞與其他詞類有別，這就是錯誤。表現品是一個不可分的整體。名詞或動詞並不存在於這整體裏，而是我們毀壞唯一的語言實在體——句——以後所得的抽象品。句不能像文法書通常所講的，它是表現一個完整意義的有機體，可以包含一句最簡單的驚歎，也可以包含一首大詩。這話聽起來好像怪誕，其實是最簡單的道理。

如同在美學中，由於上述錯誤，某些人的藝術作品被認爲不完善，因爲在這些作品中，那些假定的種類沒有分清，或是有一部分缺乏；在語言學中，詞的種類也引起類似的錯誤，把語言的表現認成有「成形的」和「未成形的」的分別，看其中有無那些假立的詞的種類中某一種類（例如動詞）而定。

語言的個性與語文的分類

語言學肯定了字就是從口裏說出的東西，沒有兩個字眞正相同，同時也就發見了審美事實的不可簡化的個性。因此同義字或同音異義字都被取消了，眞正以某字翻成另一字，從所謂方言翻譯成所謂語文，或從所謂國語翻譯成所謂外國語，都已證明爲不可能了。

但是區分語文爲類別的企圖，與這個正確見解就不相容。語文就是某時期某民族眞正寫出或說出的文句或文句的組合，此外語文便不存在。一個民族的藝術若不是全部藝術作品，是什麼呢？一個藝術的性格（例如希臘藝術或法國普羅旺斯的文學）若不是那些作品的整個面相，是什麼呢？除非詳述那個文學的歷史，即那語文的實在的歷史，這問題如何得到答案呢？

也許有人想：拿這個論點來反對語文的許多尋常分類，雖有道理，拿來反對歷史兼譜系的分類（分類中的主腦，比較語文學的光榮），就沒有道理。這話確實不錯，但是理由何在呢？就正是在歷史兼譜系的方法不僅是分類。一個人寫歷史，就不去分類；語言學家們自己就要趕快承認：凡是可以安排於歷史體系裏的語文（凡是已確定屬於某體系的語文），就不是各成一種，彼此分立，而是一個包含許多事實的整體，在它的發展過程中現出各種階段。

規範文法的不可能

語文有時被認成一種出於意志的或任意的作爲；但是有時人們也看得清楚，憑意志來勉強創造語文，是不可能的。「你，凱撒，你能公布法律於民衆，卻不能公布語文於民衆。」有人曾經向一個羅馬皇帝說過。表現品的審美性（唯其是審美的，所以是認識的，與實踐的相對立）就可以顯出：如果要有一種規範文法去定出正確的語言規律，從科學觀點看，這就是一個錯誤的觀念。聰明人總要反抗這個錯誤。據說伏爾泰說過：「該文法倒楣。」就是反抗的例證。但是文法教師們也承認過規範文法的不可能，他們招供說：寫得好的作品是不能依規矩學來的，文法的學習應取實踐的方式，從讀物例證下手，以便養成文學的鑑賞力。這種不可能性有一個科學的理由，就是我們所已說明的那個原則：認識活動的技巧是一個自相矛盾的名詞。規範文法不正是語文表現的技巧（即認識活動的技巧）嗎？

含教導意味的著作

如果把文法只看作一種經驗的訓練，一種便於學習語文的格式的彙集，不要求它有哲學的眞理，那就與上文所說的情形不同。在這種情形之下，連詞的種類那些抽象品也是可容許的而且有用的。有許多叫做「語言學論著」的書籍對什麼都談一點，從發音器官以及模仿發音器官的人爲的機械（答錄機）的說明，以至印歐系、塞密蒂克系、科普特系④、中國系或其他系語言學的最重要的成果的撮要；從語言的起源或關於語言性質的哲學泛論，以至關於書形、書法、語言學著作中筆記的安排等等教訓；我們對於這類著作也應當看作含有教導意味的東西而寬容它們。但是在這些著作裏，這一大堆零亂的觀念——關於語文本質的，語文看成表現品的——終於要化爲美學的觀念。美學供給關於語文性質的知識，經驗的文法供給

④ 語言的重要系統有：印歐系（Indo-European），包含歐洲及印度各種語言；塞密蒂克系（Semitic），包含猶太、阿拉伯各國語言；科普特（Coptic）即埃及系語言；中國系，有時稱為蒙古系。

爲教導而設的方便法門，此外就別無講語文的學問，除非算上語文的歷史，根據活著的實在的語文所寫成的歷史，這就是具體的文學作品的歷史，其實也就是文學的歷史。

基本的語言事實：字根

誤以物理的事實爲審美的事實，才去尋求美的事物的基本形式；尋求基本的語言事實，也是犯了同樣錯誤，所謂基本的語言事實就是指把較長組的物理的聲音分爲較短組；其實單音、母音、子音以及叫做「字」的音組這一切語言要素，如果單提出來說，都沒有確定的意義，都不能叫做「語言的事實」，都只是聲音，只是從物理方面抽象出來，分成類的聲音。

「字根」說犯了同樣錯誤，現在一般最有名的語言學家們都不很看重字根了。既已混淆物理的事實與語言或表現的事實，又以爲觀念的次第必先簡而後繁，人們於是就以爲最小的物理事實就是最簡單的語言事實。因此他們假想最古的、最原始的語言必定是單音的，歷史的研究必定終於發見到單音的字根。但是依這假想推下去，最初人類所構思的表現品也許不是一種聲音，而只是一種模仿的生理的反射動作；也許不外射爲一種聲音，而只外射爲一種姿勢。縱然假定它外射爲一種聲音，我們也沒有理由假定那聲音必是單音的而不是複音的。語言學家們不能把複音字溯源到單音字，往往自責無知與無能，而信賴將來人可以辦到這一點，但是他們的信念實無根據，他們的自責也是起於錯誤假定的謙卑舉動。

此外，音節的界限，和字的界限一樣，也完全是勉強的；多少是借經驗的用法分別出來的。原始的語言，或是未受教育者的語言，是一個連貫體，他們不曾意識到把一句話分成單字或單音那些經院派所造成的不實在的東西。眞正的語言學的規律不能根據這種單字單音的區分。語言學家們的口供可以爲證，他們承認關於「母音重疊」、「破音字」、「兩母音相連而都發音」、「兩音合成一音」之類現象，並沒有眞正的語音學的規律，只有憑趣味與方便所定的規律，那就是審美的規律。「文字」的規律如果不就是「風格」的規律，是什麼呢？

審美的判斷與模範語言

最後，有人要尋求一種模範語言，尋求一種方法，使語言的習慣用法歸於統一，這是由於迷信美的事物可憑一個理性的標準去測量，即我們所稱爲「錯誤的審美的絕對性」⑤那一個概念。在義大利，這叫做「語言的統一」問題。

語言是常川不斷的創造。已用語言表現過的東西就不再複演，除非根據已創造成的東西再造。生生不息的新印象產生音與義的繼續不斷的變化，即生生不息的新表現品。尋求模範語言，就是尋求動的不動。每個人都說話，而且都應依照事物在他的心靈中所引起的反響，

⑤「審美的絕對性」見第十六章。

即他的印象，去說話。所以最熱心維護語言統一問題的任何一個解決方案者（無論他主張採用近似拉丁的標準義大利語，十四世紀的慣用語，或是佛羅倫斯的方言），在他們說話傳達思想要人了解時，都不很願意實踐他們的理論。因爲他們覺得用拉丁、十四世紀的義大利語或是佛羅倫斯語的字，來代替根源不同而恰合他們的自然印象的那種字，就不免牽強失眞。那樣辦，他們就會成爲自語自聽者而不是說話者，是學究而不是認眞的人，是戲子而不是誠實人。依照一種理論去寫作，就不是眞正寫作，至多只是「炮製文學品」。

語言統一問題常再蹶再起，因爲照它的字面看，它所根據的是錯誤的語言概念，所以它是不可解決的。語言並不是一種軍械庫，裝了已製好的軍械；不是一部字典，蒐集了一大堆抽象品；也不是墳園中抹油防腐的死屍。

我們對於模範語言或語言統一問題的排斥似頗突然，但是我們不能不這麼辦，這並非對義大利許多世紀以來爭辯這問題的一長串作者不表示敬意。那些熱烈爭辯的對象原只是審美性相而不是審美的科學，是文學而不是文學原理，是有效力的寫作和說話而不是語言的科學。它們的錯誤在把一種需要變成一種科學的主張，比如說，把有方言隔閡的人民應能容易互相了解那一個念頭，變成要有一個唯一的理想的語言那一個哲學的要求。這種尋求正如尋求一種普遍的語言⑥一樣荒謬，所謂普遍的語言就是和概念與抽象一樣有固定性的語言。人

⑥ 尋求一種普遍的語言：十七世紀哲學家萊布尼茨就有這個意思，近代「世界語」是一個實例。

與人應該更好地互相了解那一個社會需要，只有借普及教育、改良交通，與交流思想這些方法才能得到解決。

結論

這些零散的話應該已夠說明，語言學的一切科學問題和美學的問題都相同；兩方面的眞理與錯誤也相同。如果語言學與美學似爲兩種不同的科學，那就由於人們把語言學看作文法或一種哲學與文法的混合，一種牽強的備忘表格，一種教書匠的雜湊，而不把它看作一種理性的科學，一種純粹的語言哲學。文法或是與文法不是無關的東西，也在人心中引起一個偏見，以爲語言的實在性可以在分散而可合併的單字上見出，而不在活的言語文章上（即於理爲不可分劃的表現有機體上）見出。

凡是有哲學頭腦的語言學家們在澈底深入語言問題時，常發見自己很像掘地道的工人們（用一個陳腐而卻有力的譬喻），到了某個地點，他們必能聽到他們的夥伴美學家們從地道的另一頭在挖掘的聲音。在科學進展的某一階段，語言學就其爲哲學而言，必須全部沒入美學裏去，不留一點賸餘。

名詞索引

二劃

三劃

四劃

五劃

六劃

九劃

十劃

十一劃

十二劃

十三劃

克羅齊年表

Benedetto Croce，1866—1952

一八六六年　二月二十五日，貝內德托・克羅齊（Benedetto Croce）出生於佩斯卡塞羅利。

一八七五～　進入那不勒斯「上帝之愛」公學學習。

一八八一年　高中時，到那不勒斯大學聽堂叔貝爾特蘭多・斯帕文塔講授的黑格爾邏輯學。

一八八二年　九至十一月，撰寫文學批評文章，在《意見》雜誌文學副刊發表。

一八八三年　七月，同家人在伊斯基亞島上度假碰到地震，受了重傷，雙親及姊姊均亡。繼承家產，移居羅馬。

一八八四年　一至二月，結識羅馬大學教授安東尼奧・拉布里奧拉。對拉布里奧拉講授的赫爾巴特倫理學十分感興趣。在羅馬大學期間經常往返圖書館，研究喜歡的題目。

一八八六年　移居那不勒斯，開始出入文藝沙龍。

一八八七～　赴德、奧、法、荷、西、葡六國考察。開始從事歷史研究。

一八九二年　四月，在《那不勒斯郵報》編輯部結識詩人卡爾杜齊。首次會見作家鄧南遮。完成《一七九九年那不勒斯革命》、《那不勒斯的歷史與傳說》、《巴羅克時代的義大利》、《從文藝復興至十八世紀末那不勒斯戲劇》等著作。

一八九三年　開始研究哲學。論文《藝術普遍概念下的歷史》發表。

一八九五年　論文《文學批評及其在義大利的條件》、《關於文學批評》發表。拉布里奧拉將《論〈共產黨宣言〉》手稿寄給他，他自費出版該書。停止歷史研究，致力於經濟學研究。

一八九六年　為索列爾主編的《社會變化》雜誌撰寫系列論文，闡述對馬克思主義的理解。五月，在彭塔尼亞學院宣讀論文《論歷史唯物主義的科學形式》。贊助社會黨機關報《前進報》創刊。

一八九七年　在反實證主義的辯證中，結識比薩師範學院學生金蒂萊，並開始合作關係。發表論文《對一些馬克思主義概念的解釋與批判》。參加關於「馬克思主義危機」的辯論，批判「馬克思的歷史概念與經濟概念」。

一八九八年 八月，致函帕累托譴責米蘭法庭對社會黨領袖居拉蒂及其他社會黨人的起訴。
在那不勒斯《晨報》刊登抗議書。

一八九九年 在佩魯賈結識德國語文學家卡爾．沃斯勒。

一九〇〇年 在彭塔尼亞學院學報發表論文《作為表現科學和普通語言學的美學概念》。

一九〇一年 結識普利亞出版家拉泰爾扎。擔任那不勒斯市政府公共教育專員。

一九〇二年 四月，《作為表現科學和普通語言學的美學》（即《美學》，《精神哲學》的第一卷）。
十一月，創辦文史哲雜誌《評論》。

一九〇三年 一月二十日，《評論》雜誌創刊。確定辦刊宗旨，首先介紹義大利近代文化成果，由金蒂萊研究一八五〇年以後的義大利哲學史，由克羅齊研究同期的文學史。
在《評論》雜誌編輯部工作，同時積極從事政治活動，擔任人民陪審員。

一九〇五年 四月，在彭塔尼亞學院學報上發表《作為純概念科學的邏輯學概要》。

一九〇六年 隨著《評論》雜誌的發行，克羅齊重視對歐洲哲學思潮的介紹和本國文化遺產的挖掘。
先後出版：《現代文化書庫》、《現代哲學經典》、《義大利作家叢書》和《外國作家叢書》。

一九〇七年 《黑格爾哲學中的活東西和死東西》出版。
翻譯並出版黑格爾的《哲學全書》。在彭塔尼亞學院學報發表《將法哲學復歸經濟哲學》。
文德爾班邀請克羅齊參加哲學大會。

一九〇八年 參加在海德堡召開的哲學大會，宣讀報告《藝術直覺的抒情性》。
《作為表現科學和普通語言學的感性》修訂版出版，刪除自然主義和康德主義的殘餘影響。
《實踐哲學——經濟學與倫理學》（《精神哲學》第二卷）出版。

一九〇九年 《作為純概念科學的邏輯學》（《精神哲學》第三卷）出版。
發表《金蒂萊事件與義大利大學的恥辱》，抗議那不勒斯大學拒絕讓金蒂萊任哲學史教授。

一九一〇年 一月二十六日，任義大利參議院議員，終身職。

一九一一年　專書《維柯的哲學》、《美學論文集》出版。

一九一二年　在彭塔尼亞學院學報發表關於歷史理論的首批論文。《美學綱要》出版。

一九一三年　在《呼聲》雜誌上發表《哲學家朋友間的爭論》，將同金蒂萊的分歧公開化。

一九一四年　在關於第一次世界大戰義大利是否參戰的爭論中，站在「中立主義者」一邊，反對「干涉主義者」。

一九一五～　《歷史學的理論和歷史》（《精神哲學》第四卷）用德文出版。長篇論文《自我評論》發表。《評論》雜誌開始連載《倫理學拾零》。

一九一七年　《歷史學的理論和歷史》義文版印行。

一九一八年　在第一次世界大戰期間撰寫的文章集成《戰爭書稿》。

一九一九年　《愛國者家庭及其他》出版。

一九二〇年　《阿里奧斯托．莎士比亞．高乃依》出版。六月，任第五屆焦利蒂政府教育部長。

一九二一年　五月大選後，克羅齊重返學術。

一九二二年　《但丁的詩》、《倫理學拾零》出版。對法西斯主義持觀望態度，法西斯掌權後，拒絕擔任任何公職。

一九二三年　在那不勒斯《晨報》上聲明「我的思想與倫理存在都源於民族復興運動的自由傳統」。

一九二四年　加入自由黨，參加黨代表大會，呼籲立法自由。《政治概要》出版。

一九二五年　一月三日法西斯政變後，墨索里尼實行恐怖政策。五月一日，應阿門多拉之邀，撰寫《反法西斯知識分子宣言》並徵集數百知識界著名人士簽名，在《世界報》和其他大報上發表。一月二十日，在參議院投票通過反共濟會法時棄權。

一九二六年　《那不勒斯王國史》出版。

一九二七年　被取消所任一切官方學術機構頭銜。受到秘密警察監視。

一九二八年　《舊義大利的人與物》出版。

　　　　　　《一八七一－一九一五年義大利史》印行三版，招致官方輿論惡毒攻擊。

一九二九年　《美學精華》和《政治生活的道德性》出版。

　　　　　　《義大利巴洛克時代的歷史》和《理想的國家與教會及它們在歷史上的持續鬥爭》出版。

　　　　　　五月二十四日，在參議院辯論時反對法西斯政權同梵蒂岡締結拉特蘭條約。

　　　　　　墨索里尼辱罵克羅齊是「歷史上的逃兵」。

一九三〇年　在法西斯統治年代到柏林、巴黎、倫敦、比利時和瑞士等地旅行，會見反法西斯文化名人。

　　　　　　在牛津會見蘇聯美學家盧那察爾斯基。

一九三一年　德國旅行期間，同托馬斯·曼和愛因斯坦建立友誼。

　　　　　　《倫理與政治》和《十七世紀義大利文學新論叢》出版。

一九三二年　題獻給托馬斯·曼的《十九世紀歐洲史》出版。

一九三三年　論文《民間詩與藝術詩》和專書《十四－十六世紀義大利詩歌研究》出版。

一九三四年　積極參與重建自由黨活動，並擔任主席直到一九四七年。是現代西方自由派的代表人物。

一九三五年　《近期論文》、《文明史和文學史的差異》出版。

一九三六年　《詩論》、《詩和文學的批評及歷史的導言》、《冒險、信仰、激情的生活》出版。

一九三八年　《作為思想和行動的歷史》出版。

一九四一年　《現代哲學的特徵》、《古代詩與現代詩》出版。

一九四二年　《各種文學趣聞》出版。

一九四七年　在那不勒斯建立「義大利歷史研究院」。

一九五二年　十一月二十日於那不勒斯去世。

經典名著文庫007

美學原理

Estetica I--Teoria
(Estetica come scienza dell'espressione e linguistica generale)

作　　者── (義)貝內德托・克羅齊(Benedetto Croce)
譯　　者── 朱光潛
發 行 人── 楊榮川
總 經 理── 楊士清
總 編 輯── 楊秀麗
文庫策劃── 楊榮川
副總編輯── 蘇美嬌
實習編輯── 康婉鈴
封面設計── 姚孝慈
出 版 者── 五南圖書出版公司
地　　址── 臺北市大安區106和平東路二段339號4樓
電　　話── 02-27055066(代表號)
傳　　真── 02-27066100
劃撥帳號── 01068953
戶　　名── 五南圖書出版股份有限公司
網　　址── https://www.wunan.com.tw
電子郵件── wunan@wunan.com.tw
法律顧問── 林勝安律師事務所 林勝安律師
出版日期── 2018年 3 月初版一刷
2018年10月初版二刷
2022年10月二版一刷
定　　價── 400元

國家圖書館出版品預行編目資料

美學原理 / 克羅齊著 ; 朱光潛譯. -- 二版. -- 臺北市 : 五南圖書出版股份有限公司,　2022.10
面;　公分
ISBN 978-626-317-268-5(平裝)

1.美學

180.1　　106020553